1　一　二

タイムアタック 目標5分

分　秒

よもう

[illegible]が　一れつに　[illegible]らんで　あるく。

二まいずつ　かみを　くばる。

③ 一つだけ　もらう。

④ みかんが　二つ。

かこう

① □《いち》りん車《しゃ》で　あそぶ。

② □《に》わの　あひる。

③ □《いち》日《にち》、□《ひと》つずつ。

④ □《に》さいの　たんじょう日《び》。

⑤ □《ふた》つ　あげる。

□もん 正《せい》かい！　まんてんになるまでおさらいしよう！

こたえは
105ページ

月　日

1　10までの　すう字

タイムアタック 目標 5分

分　秒

★ つぎの　すう字《じ》を　かきましょう。

1		

一《いち》

2		

二《に》

3		

三《さん》

4		

四《し》

5		

五《ご》

6		

六《ろく》

7		

七《しち》

8		

八《はち》

9		

九《く》

10		

十《じゅう》

□ もん 正《せい》かい！ まんてんになるまでおさらいしよう！

こたえは
105ページ

月　日

2 三 四

タイムアタック目標5分

分　秒

よもう

❶ 三（　　）かい目《め》の ちょうせんを する。

❷ 四（　　）とうの ぞう。

❸ 三（　　）つ目の メダル。

❹ ビー玉《だま》が 四（　　）つ ころがって いる。

かこう

❶ □《さん》びきの 子《こ》ねこ。

❷ □《よん》さい ちがう。

❸ □《よっ》つの おはなし。

❹ □《さん》ちょう目 □《よん》ばんち。

❺ □《みっ》つ 年《とし》下《した》。

□ もん 正《せい》かい！ まんてんになるまでおさらいしよう！

こたえは105ページ

月　日

2　10までの　かず

タイムアタック目標5分

分　秒

★　かずを　かぞえて、すう字《じ》を　かきましょう。

れいだい

❶

❷

❸

❹

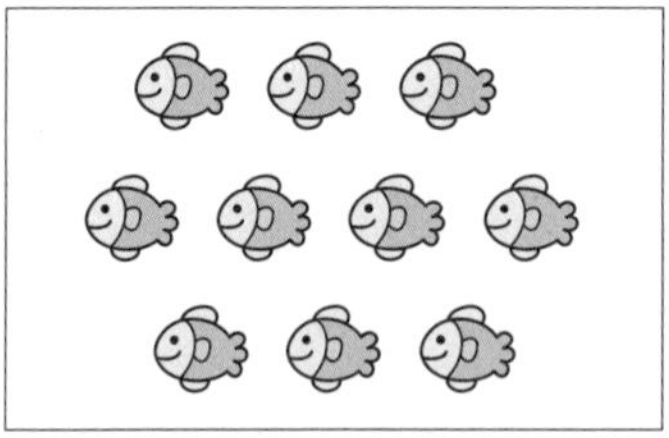

❺

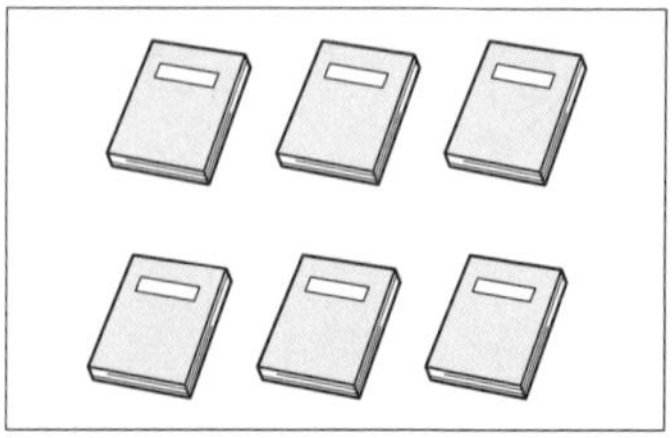

□もん 正《せい》かい！ まんてんになるまでおさらいしよう！

こたえは
105ページ

3 五　六

タイムアタック 目標 5分
分　秒

よもう

① 五（　）人《にん》で 出《で》かける。

② あしたは 六（　）じに おきる。

③ 五（　）つの しまで できた くに。

④ 六（　）つ かぞえる。

かこう

① □《ご》本《ほん》の えんぴつ。

② □《ろく》だいの 車《くるま》。

③ □《いつ》つの やくそく。

④ たまごを □《むっ》つ つかう。

⑤ □《ご》年生《ねんせい》と □《ろく》年生。

□ もん 正《せい》かい！ まんてんになるまでおさらいしよう！

こたえは 105ページ

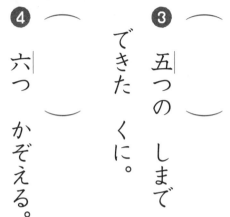

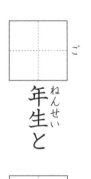

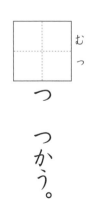

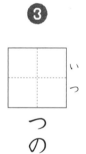

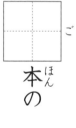

月　日

3 0と いう かず

タイムアタック目標5分
分　秒

★ かずを かぞえて、すう字《じ》を かきましょう。

れいだい

2かい れんしゅうを しましょう。

❶ みかんの かずは

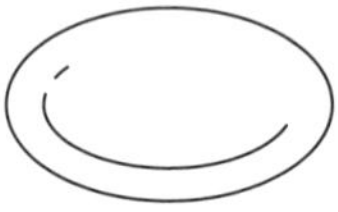

0
れい

❷ みかんの かずは

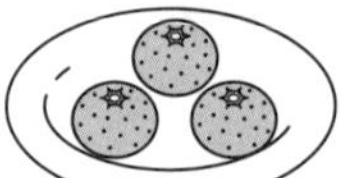

❸ ボールの かずは

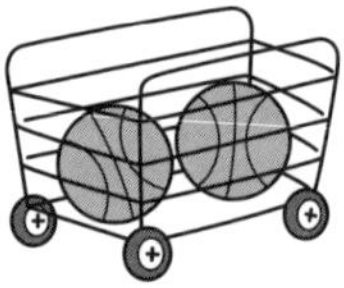

❹ ボールの かずは

❺ 花《はな》の かずは

もん 正《せい》かい！ まんてんになるまでおさらいしよう！

こたえは
105ページ

4 かん字の　まとめ①

タイムアタック 目標5分
分　秒

よもう

① （　　）一つずつ　とってね。

② （　　）三人《にん》と　（　　）四人に　わける。

③ （　　）五つ　ください。

④ （　　）六日《か》　すぎた。

⑤ （　　）四かくに　きる。

かこう

① □《いち》ばん　すき。

② □《に》かい目《め》の　チャンス。

③ □《さん》げん　となり。

④ □《よん》さい　年上《としうえ》。

⑤ □《ご》人で　とまる。

□もん　正《せい》かい！　まんてんになるまでおさらいしよう！

こたえは 105ページ

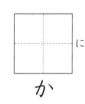

4 大きさくらべ

タイムアタック目標 5分
分　秒

★ 大《おお》きいほうの　かずを　かきましょう。

れいだい

❶ 3 ⟷ 5

●●● ⟷ ●●●●●

5

❷ 1 ⟷ 2

● ⟷ ●●

❸ 2 ⟷ 7

❹ 9 ⟷ 8

❺ 10 ⟷ 1

❻ 0 ⟷ 4

□ もん 正《せい》かい！ まんてんになるまでおさらいしよう！

こたえは 105ページ

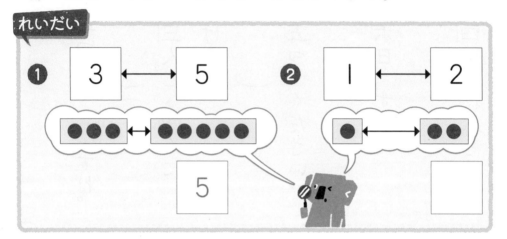

5 七　八

タイムアタック 目標 **5**分
分　秒

よもう

❶ かねを 七つ（　　）たたく。

❷ 八つ（　　）の テーブル。

❸ 七月《がつ》（　　）七日《か》（　　）は たなばたの 日《ひ》。

❹ 八月（　　）八日（　　）が たんじょう日《び》です。

かこう

❶ □《なな》さいに なる。

❷ □《やっ》つで □《はち》人《にん》ぶん。

❸ □《なの》日かんの よてい。

❹ □《しち》人の 小人《こびと》。

❺ □《よう》日まえに あった。

□もん 正《せい》かい！ まんてんになるまでおさらいしよう！

こたえは 105ページ

月　日

5 なんばん目

タイムアタック目標5分
分　秒

★ □に　あてはまる　かずを　かきましょう。

左《ひだり》  右《みぎ》

れいだい

❶ うさぎは　左から 2 ばん目《め》です。

❷ パンダは　右から □ ばん目です。

❸ さるは　右から □ ばん目です。

❹ 犬《いぬ》は　左から □ ばん目、右から □ ばん目です。

□もん 正《せい》かい！まんてんになるまでおさらいしよう！

こたえは 105ページ

6　九　十

タイムアタック 目標 5分
分　　秒

よもう

1 （　　）九ばん目《め》の　せき。

2 （　　）十年《ねん》まえに　おこった　じけん。

3 （　　）九つの　あめ。

4 あれから　もう　（　　）十日《か》が　すぎた。

かこう

1 本《ほん》を　□《きゅう》さつ　かりる。

2 □《じゅう》まいの　がようし。

3 □《ここの》日目の　あさ。

4 七《しち》、八《はち》、□《きゅう》、□《じゅう》。

5 □《とお》まで　かぞえる。

□もん　正《せい》かい！　まんてんになるまでおさらいしよう！

こたえは105ページ

6　6、7は いくつと いくつ

タイムアタック目標5分

分　秒

★ れいだいのように いろを ぬって、□に あてはまる かずを かきましょう。

れいだい

❶ 6は、1と 5

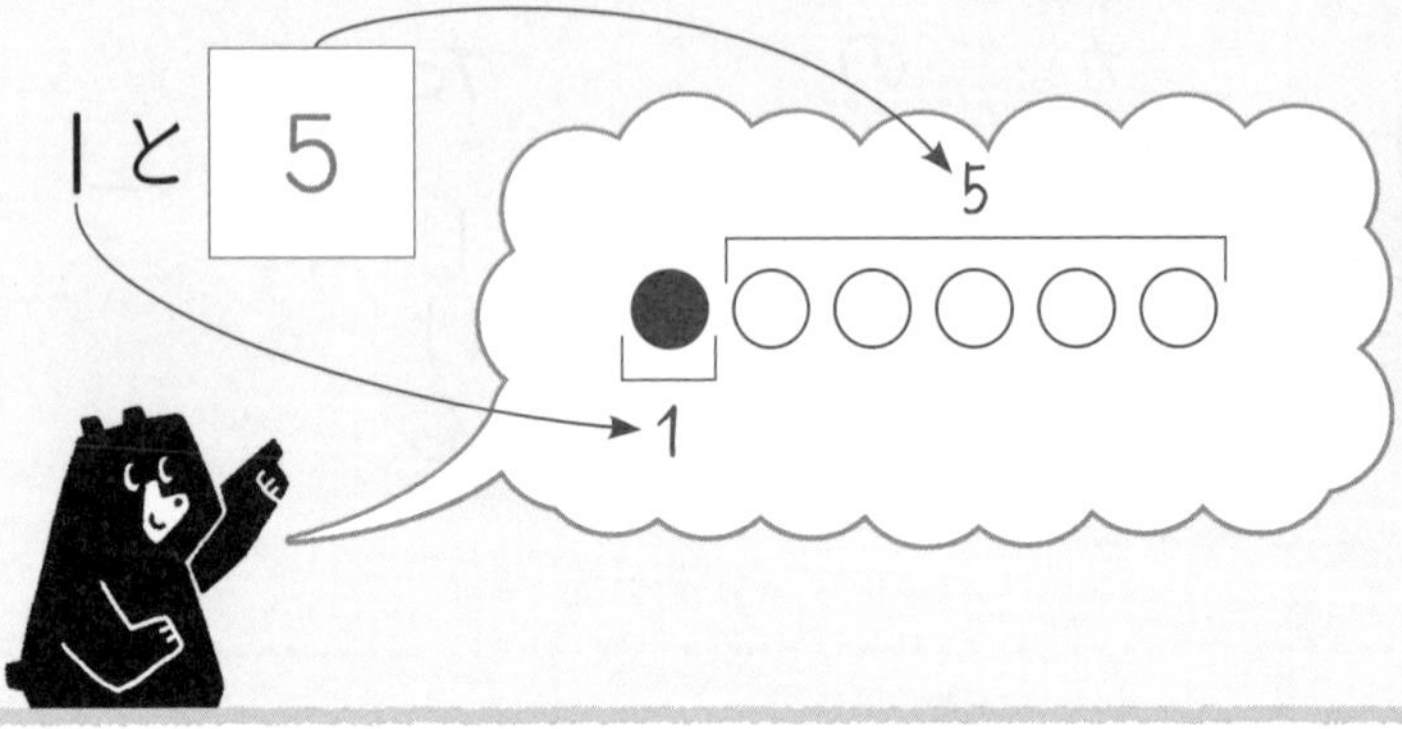

❷ 6は、4と □

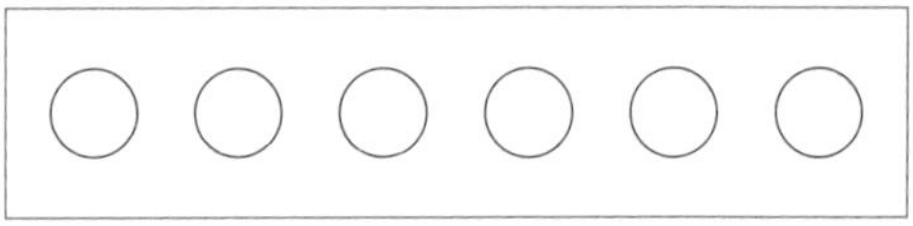

❸ 7は、2と □

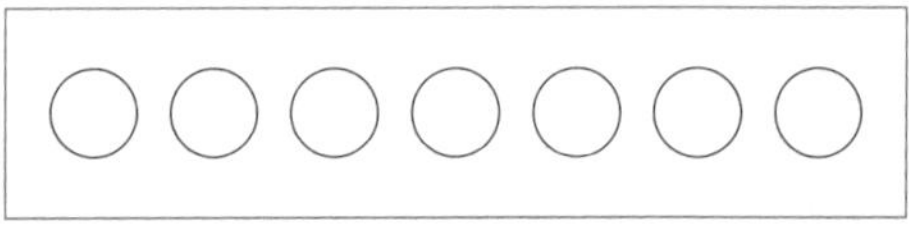

❹ 7は、4と □

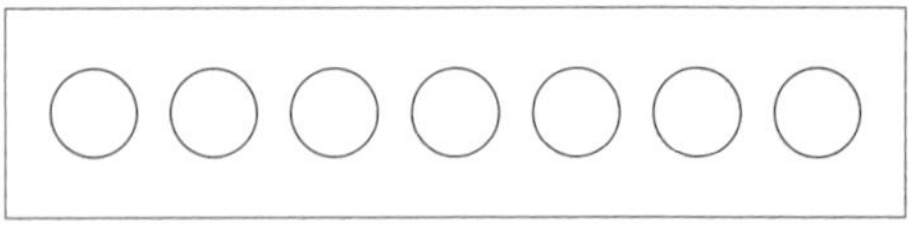

❺ 7は、6と □

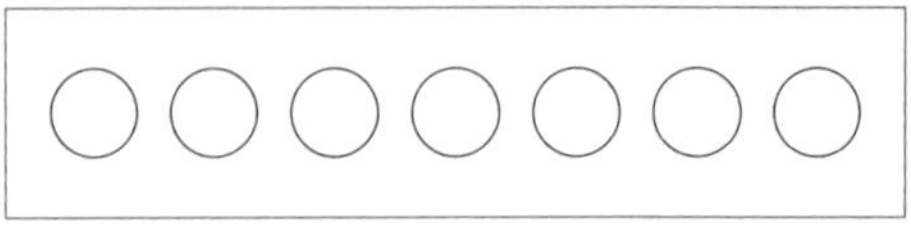

□もん 正《せい》かい！まんてんになるまでおさらいしよう！

こたえは 105ページ

7 百　千

タイムアタック 目標5分

分　秒

よもう

1. みちで （　）百円玉《えんだま》を ひろう。
2. （　）千さつの 本《ほん》が ならんで いる。
3. （　）百ぱの はと。
4. （　）千よがみを つかう。

かこう

1. ともだち □《ひゃく》人《にん》。
2. 大《おお》なわを □《ひゃっ》かい とぶ。
3. ぜんぶで □《せん》五《ご》□《ひゃく》円。
4. □《せん》年《ねん》の れきし。
5. □《ち》どり足《あし》。

□ もん 正《せい》かい！ まんてんになるまでおさらいしよう！

こたえは105ページ

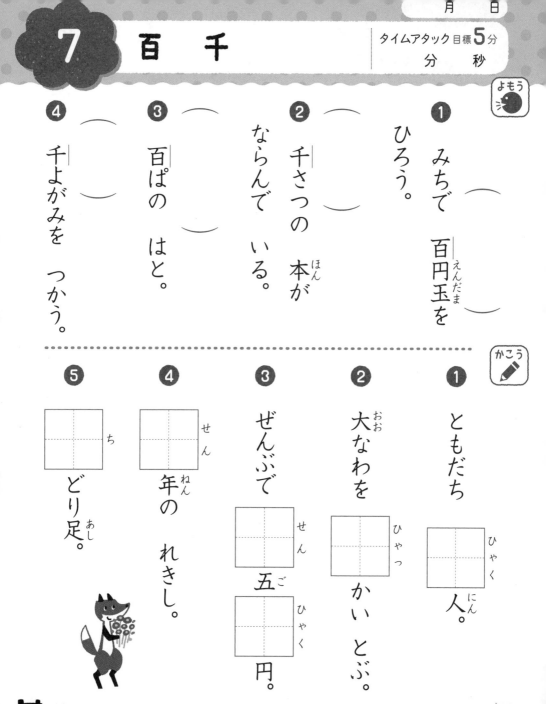

7 8、9は いくつと いくつ

タイムアタック目標5分
分　秒

★ れいだいのように いろを ぬって、□に あてはまる かずを かきましょう。

れいだい

❶ 8は、2と 6

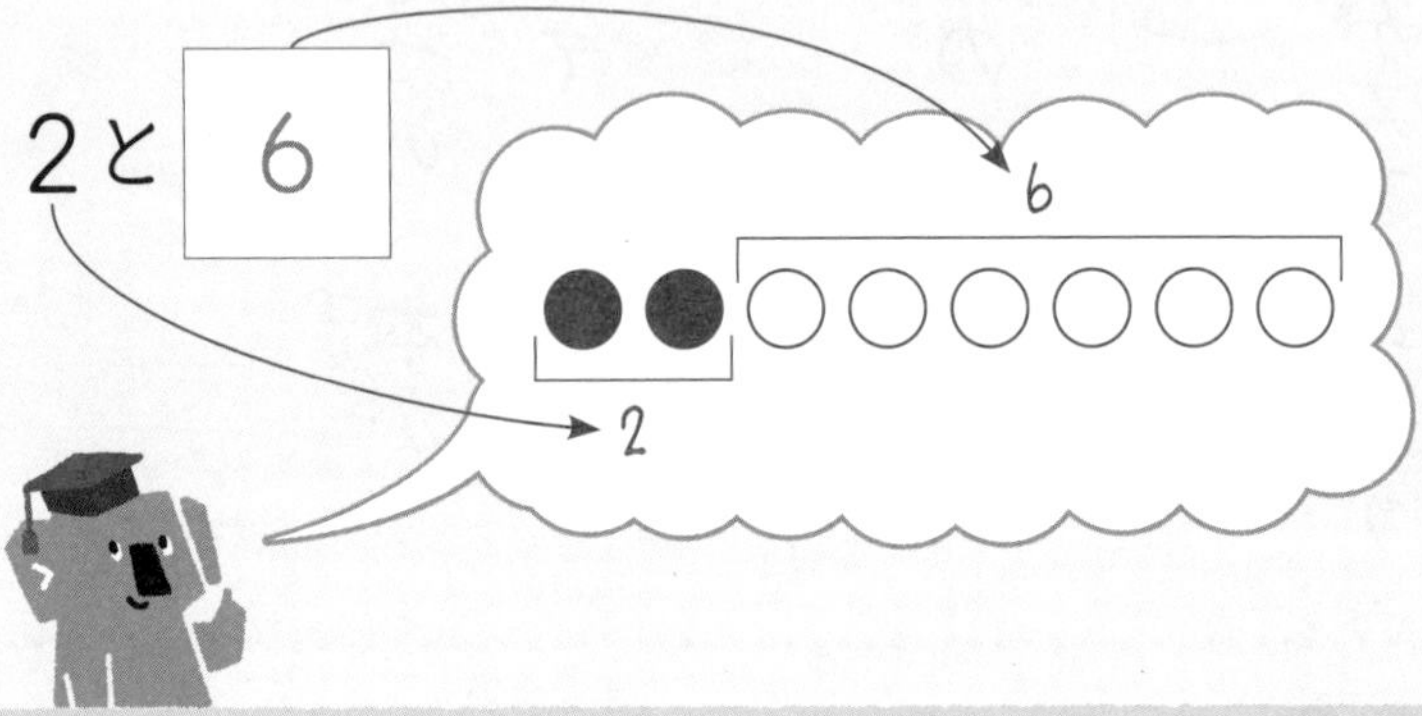

❷ 8は、4と □ ○○○○○○○○

❸ 9は、1と □ ○○○○○○○○○

❹ 9は、5と □ ○○○○○○○○○

❺ 9は、7と □ ○○○○○○○○○

□もん正《せい》かい！まんてんになるまでおさらいしよう！

こたえは105ページ

8 かん字の まとめ ②

タイムアタック目標5分
分　秒

よもう

① （　）七月《がつ》に なった。

② （　）九日《か》かん かかる。

③ （　）百かい とぶ。

④ なしを （　）八つ かう。

⑤ （　）十かい かく。

かこう

① □《なな》こ あげる。

② □《はち》れつに ならぶ。

③ □《きゅう》まで かぞえる。

④ □《ひゃく》メートル はしる。

⑤ □《せん》日《にち》 まつ。

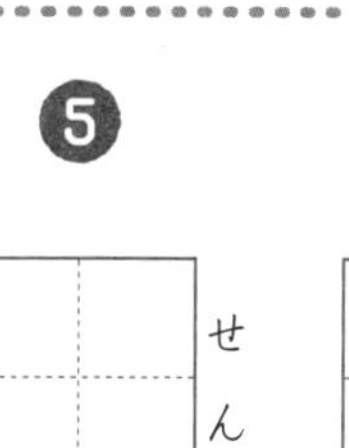

□もん 正《せい》かい！ まんてんになるまでおさらいしよう！

こたえは
106ページ

8 10は いくつと いくつ

タイムアタック目標5分

分　秒

★ れいだいのように　いろを　ぬって、□に　あてはまる　かずを　かきましょう。

れいだい

❶ 10は、1と 9

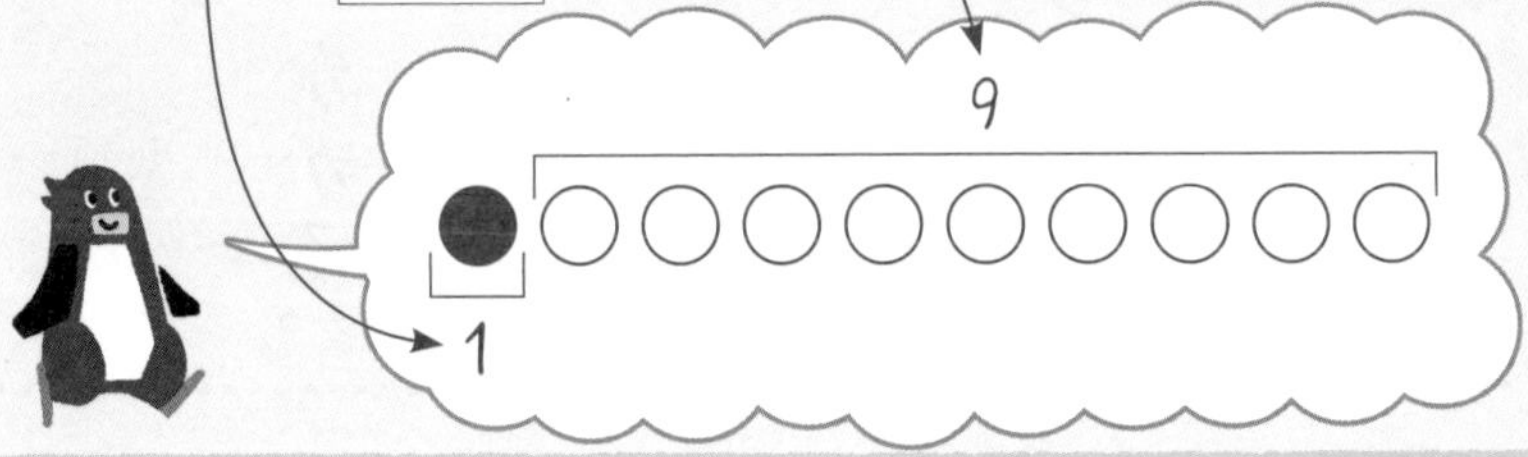

❷ 10は、2と □ ○○○○○○○○○○

❸ 10は、4と □ ○○○○○○○○○○

❹ 10は、7と □ ○○○○○○○○○○

❺ 10は、8と □ ○○○○○○○○○○

□ もん正《せい》かい！まんてんになるまでおさらいしよう！

こたえは106ページ

9 木 山

タイムアタック 目標5分
分　秒

よもう

① ふじ山（　）は 日本《にほん》の 山（　）だ。

② うらの 山（　）で 木（　）のみを ひろう。

③ 木（　）よう日《び》の よてい。

かこう

① □《やま》の ふもとの 村《むら》。

② □《さん》ちょうから 見《み》る。

③ いっしょに □《き》のぼりを して あそぼう。

④ □《もく》せいの ベンチ。

⑤ □《やま》へ □《き》を きりに いく。

□もん 正《せい》かい！ まんてんになるまでおさらいしよう！

こたえは 106ページ

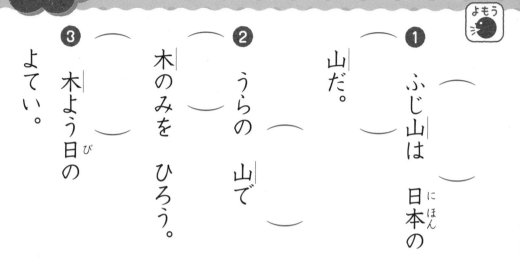

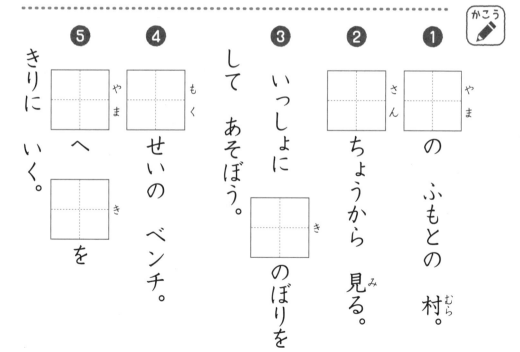

9 10を　つくろう

タイムアタック目標5分
分　秒

★　たて、よこ、ななめの　2つの　かずで、10を　つくります。10に　なる　2つの　かずを　せんで　かこみましょう。

5	7	3	6	9
5	2	0	8	4
9	1	5	5	2
8	2	1	0	3
7	6	4	9	7

□もん　正《せい》かい！まんてんになるまでおさらいしよう！

こたえは106ページ

10 水 雨

タイムアタック 目標5分
分　秒

よもう

① おひるから　雨（　　）が　ふるらしい。

② 雨水（　　）を　バケツに　ためる。

③ 水（　　）よう日《び》には　にわに　水（　　）を　まく。

かこう

① □《みず》が　ながれる　音《おと》。

② □《あま》がさを　さす。

③ □《あめ》で　□《みず》が　ふえる。

④ □《すい》どうの　こうじ。

⑤ きのうの　よるの　□《あめ》で　□《みず》たまりが　できた。

□もん　正《せい》かい！　まんてんになるまでおさらいしよう！

こたえは106ページ

月　日

10 たしざん

タイムアタック 目標**5**分

分　秒

★ つぎの　けいさんを　しましょう。

れいだい

❶ 2+5= 7

❷ 1+2= □

❸ 1+4= □

❹ 2+2= □

❺ 4+3= □

❻ 6+3= □

❼ 7+3= □

❽ 4+2= □

❾ 5+3= □

❿ 2+8= □

□ もん 正《せい》かい！ まんてんになるまでおさらいしよう！

こたえは
106ページ

11 竹　川

タイムアタック目標5分
分　秒

よもう

①　竹（　）から 生《う》まれた
かぐやひめ。

②　すきとおった
小《お》川（　）の 水《みず》。

③　竹（　）の 林《はやし》の 中《なか》を
ながれる 川（　）。

かこう

①　まっすぐに のびた □《たけ》。

②　□《かわ》あそびに 出《で》かける。

③　□《かわ》べで □《たけ》とんぼを
とばして あそぶ。

④　たに□《がわ》で つりを する。

⑤　□《たけ》やぶから どうぶつの
なきごえが きこえる。

□もん 正《せい》かい！ まんてんになるまでおさらいしよう！

こたえは106ページ

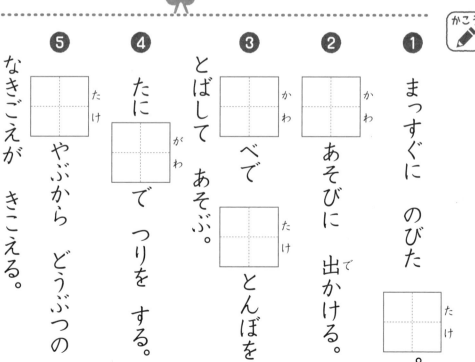

月　日

11 0の たしざん

タイムアタック目標5分

分　秒

★ つぎの けいさんを しましょう。

れいだい

❶ $3+0=$ 3

❷ $0+6=$ □

❸ $0+5=$ □

❹ $7+0=$ □

❺ $10+0=$ □

❻ $2+0=$ □

❼ $0+8=$ □

❽ $1+0=$ □

❾ $4+0=$ □

❿ $0+9=$ □

□もん 正《せい》かい！まんてんになるまでおさらいしよう！

こたえは106ページ

月　日

12 かん字の　まとめ ③

タイムアタック目標5分　分　秒

よもう

1 （　　） ふじ山に　のぼる。

2 （　　） 雨がさを　さす。

3 （　　） 竹やぶに　わけ入《い》る。

4 （　　） 川べの　さんぽ。

5 （　　） 水よう日《び》に　なる。

かこう

1 □《やま》のような　しゅくだい。

2 □《かわ》の　ほとり。

3 大《おお》□《あめ》に　なる。

4 □《みず》が　あふれる。

5 □《たけ》を　きる。

6 □《もく》よう日の　やくそく。

□ もん　正《せい》かい！　まんてんになるまでおさらいしよう！

こたえは
106ページ

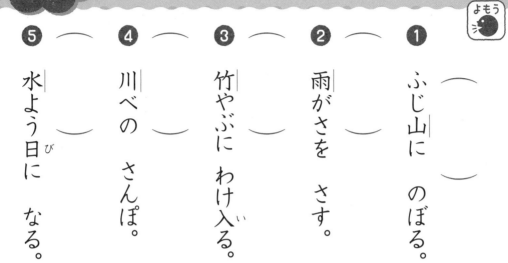

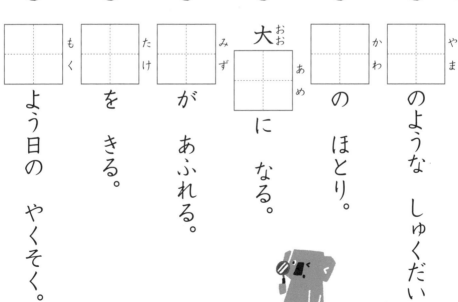

12 けいさんの まとめ① たしざん

タイムアタック目標5分

分　秒

★ まん中《なか》の かずと まわりの かずを たしましょう。

5+2のこたえをかきます。

❶〜❹

	2	
5	5	0
	4	

❶ ❷ ❸ ❹

❺〜❽

	1	
6	2	7
	2	

❺ ❻ ❼ ❽

❾〜⓬

	3	
6	4	4
	0	

❾ ❿ ⓫ ⓬

⓭〜⓰

	1	
0	3	7
	5	

⓭ ⓮ ⓯ ⓰

□ もん 正《せい》かい！まんてんになるまでおさらいしよう！

こたえは106ページ

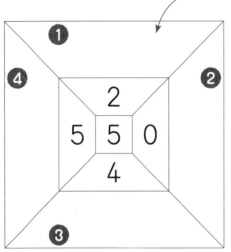

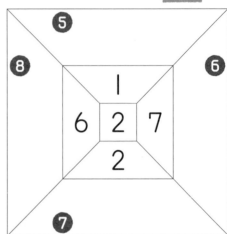

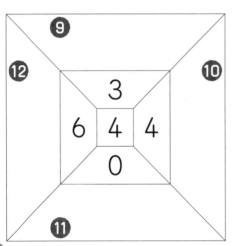

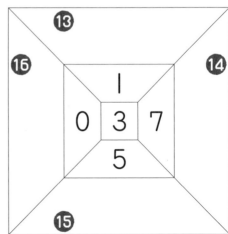

月　日

13 森林

タイムアタック 目標5分

分　秒

よもう

❶ ふかい 森（　）の おく。

❷ 林（　）の 中《なか》に いえが たって いる。

❸ まつ林（　）の 中の 小《こ》みちを あるく。

❹ 森（　）と 小《ちい》さな 林（　）。

かこう

❶ □《もり》の 木《き》を きる。

❷ □《はやし》を あるく。

❸ くらい □《はやし》の 中は じめじめと しめって いる。

❹ □《もり》の どうぶつたちが ふゆごもりの したくを する。

❺ □《もり》や □《はやし》で あそぶ。

□もん 正《せい》かい！ まんてんに なるまで おさらいしよう！

こたえは 107ページ

月　日

13 ひきざん

タイムアタック目標 5分

分　秒

★ つぎの　けいさんを　しましょう。

れいだい

❶ 5−2= 3

❷ 2−1= □

❸ 3−1= □

❹ 6−5= □

❺ 10−4= □

❻ 9−2= □

❼ 8−3= □

❽ 7−1= □

❾ 10−2= □

❿ 9−6= □

□ もん 正《せい》かい！まんてんになるまでおさらいしよう！

こたえは107ページ

月　日

14 上　下

タイムアタック目標5分
分　秒

よもう

① 二《に》かいに 上（　　）がって また 下（　　）りる。

② 本《ほん》だなを 上（　　）から 下（　　）まで かたづける。

③ 上下（　　）に うごかす。

かこう

① 空《そら》まで まい □《あ》がる。

② ぶたいから □《お》りる。

③ つくえの □《うえ》に 本《ほん》を 出《だ》す。

④ きょうかしょの □《じょう》かんと □《げ》かん。

⑤ □《した》じきを つかう。

□もん 正《せい》かい！ まんてんになるまでおさらいしよう！

こたえは107ページ

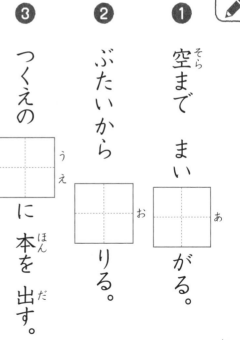

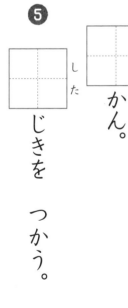

月　日

14 0の ひきざん

タイムアタック目標5分
分　秒

★ つぎの けいさんを しましょう。

れいだい

❶ 4−0= 4　　❷ 1−1= □

❸ 2−0= □　　❹ 9−0= □

❺ 0−0= □　　❻ 10−0= □

❼ 5−0= □　　❽ 8−8= □

❾ 3−0= □　　❿ 6−6= □

□もん 正《せい》かい！まんてんになるまでおさらいしよう！

こたえは107ページ

15 左右

タイムアタック目標5分
分　秒

よもう

❶ 右（　　）手《て》を　あげる。

❷ どうろの　左（　　）がわ　を　とおる。

❸ 左右（　　）を　見《み》て　おうだんする。

❹ 車《くるま》が　右（　　）せつする。

かこう

❶ まわれ　［　　］《みぎ》。

❷ ［　　］《ひだり》足《あし》で　ボールを　ける。

❸ ［　　］《みぎ》に　まがる　みちと、［　　］《ひだり》に　まがる　みち。

❹ 上下《じょうげ》［　　］《さ》［　　］《ゆう》。

❺ しんごうを　［　　］《さ》せつする。

［　　］もん　正《せい》かい！　まんてんになるまでおさらいしよう！

こたえは
107ページ

15 けいさんの まとめ② ひきざん

タイムアタック目標 5分

分　秒

★ まん中《なか》の かずから まわりの かずを ひきましょう。

7－2のこたえをかきます。

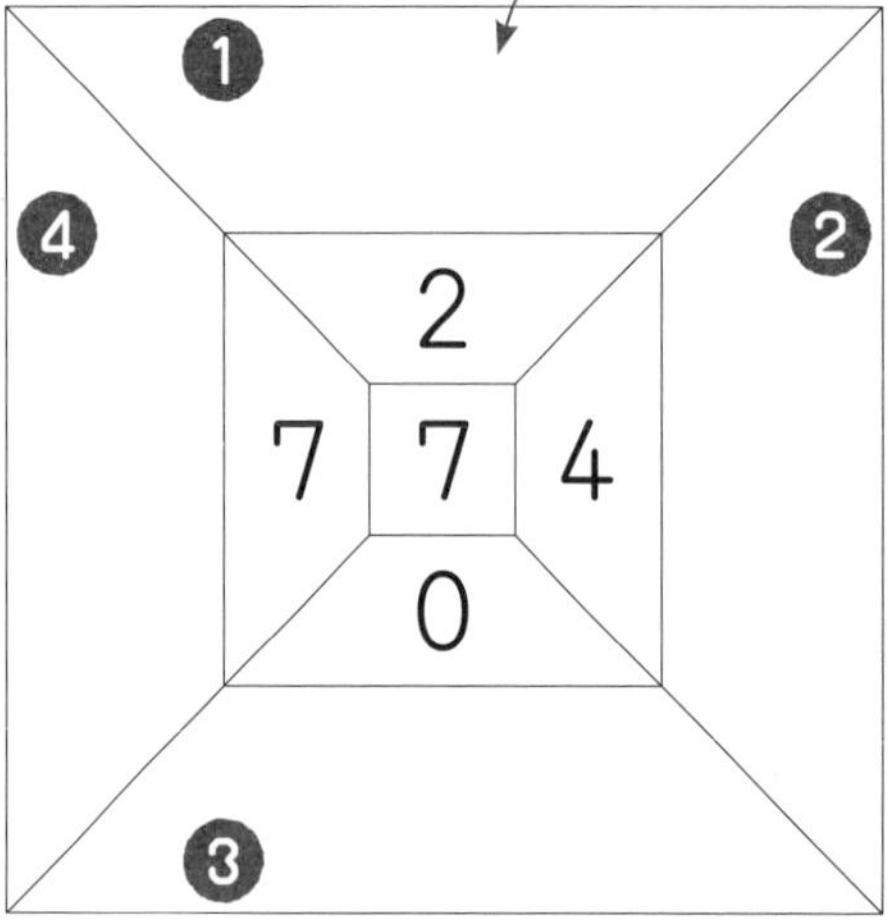

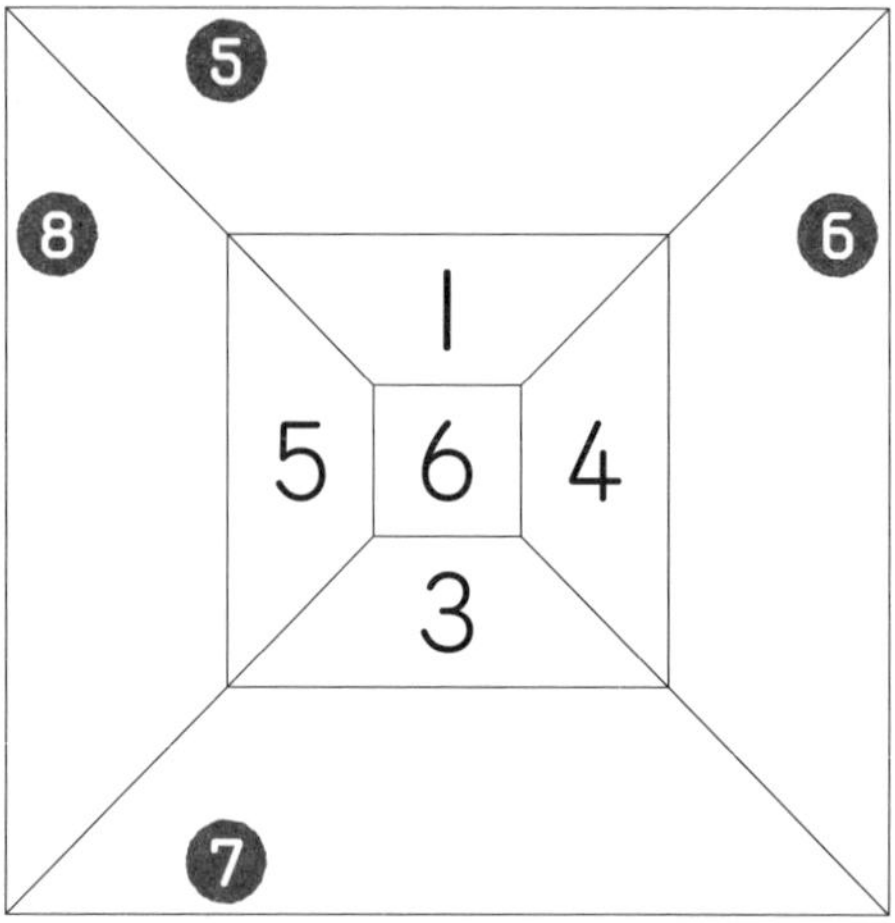

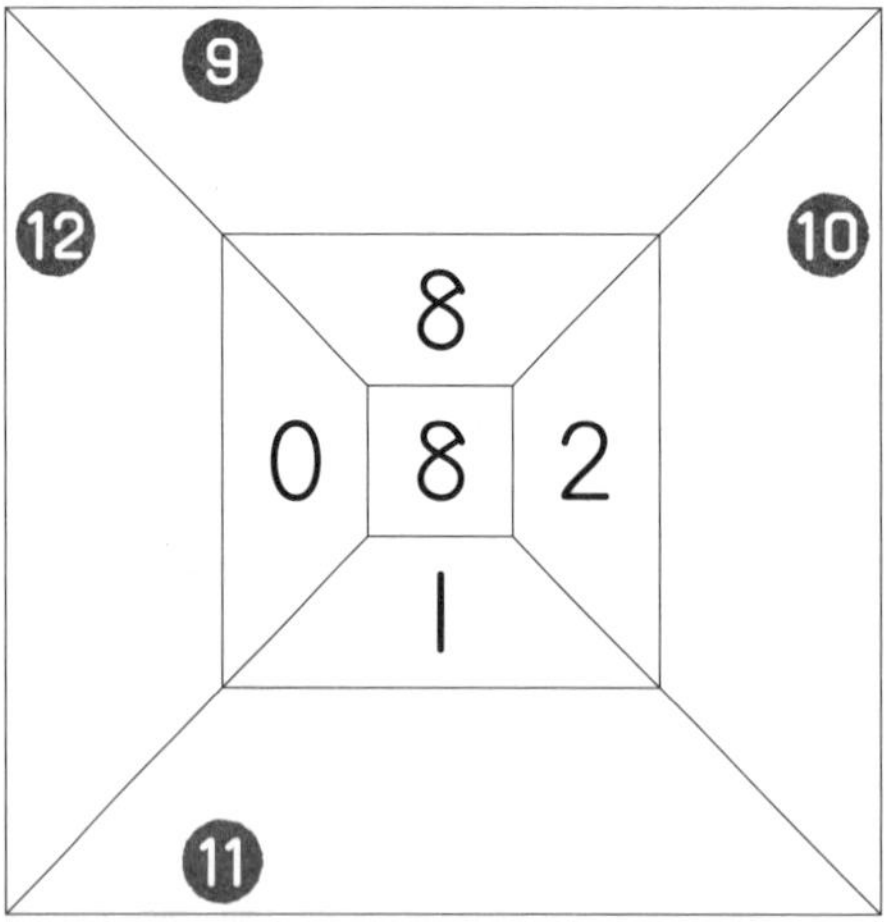

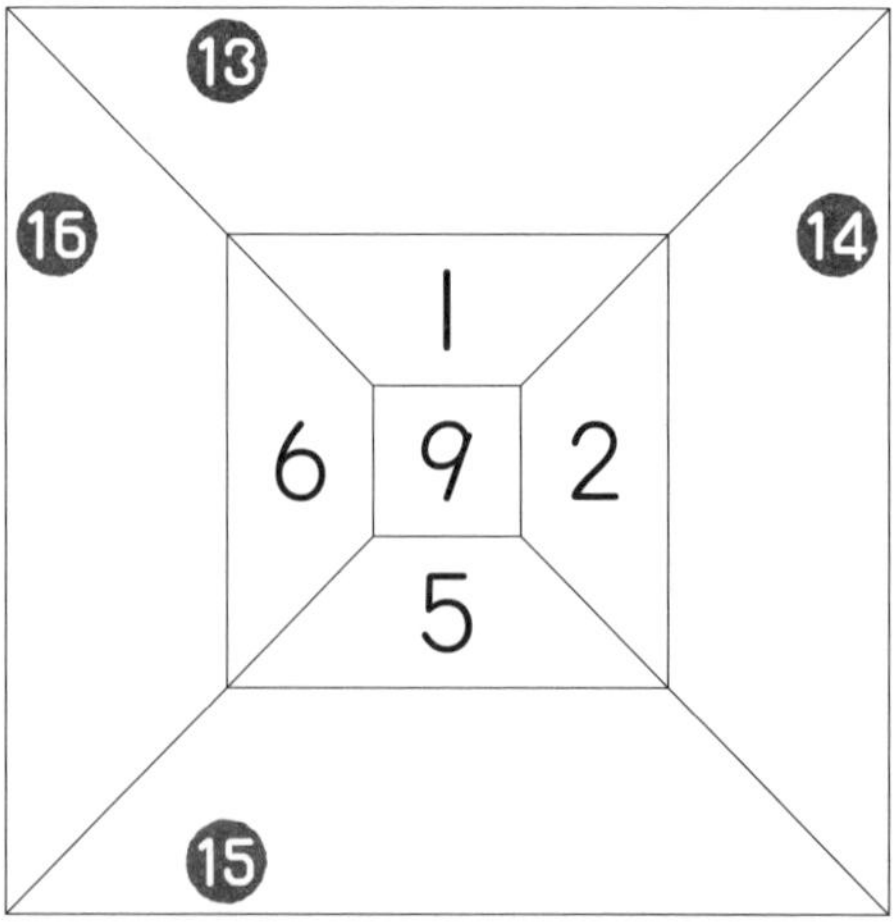

□ もん 正《せい》かい！ まんてんになるまでおさらいしよう！

こたえは 107ページ

16 かん字の まとめ ④

タイムアタック 目標5分
分　秒

よもう

❶ 森で キャンプする。

❷ ぶたいの 下手《て》。

❸ 左右を 見《み》る。

❹ ねつが 下がる。

❺ かいだんを 上る。

かこう

❶ □《もり》の 中《なか》を あるく。

❷ □《はやし》に わけ入《い》る。

❸ いすに こしを □《お》ろす。

❹ □《した》を むく。

❺ □《ひだり》に まがる。

❻ □《みぎ》がわ つうこう。

□ もん 正《せい》かい！ まんてんになるまでおさらいしよう！

こたえは107ページ

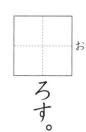

月　日

16 けいさんの　まとめ③ たしざんと　ひきざん

タイムアタック 目標 5分
分　秒

★ つぎの　けいさんを　しましょう。

❶ 2＋1＝□

❷ 5－4＝□

❸ 3－3＝□

❹ 4＋6＝□

❺ 6＋0＝□

❻ 6－2＝□

❼ 4＋1＝□

❽ 7－0＝□

❾ 4－2＝□

❿ 5＋4＝□

⓫ 8＋2＝□

⓬ 10－1＝□

□もん 正《せい》かい！まんてんになるまでおさらいしよう！

こたえは 107ページ

月　日

17 出入

タイムアタック目標5分
分　秒

よもう

❶ 犬《いぬ》を　きゅう出（　　）する。

❷ いえを　出（　　）る　とき、ごみを　出（　　）す。

❸ 入（　　）じょうけんを　見《み》せて　入（　　）る。

かこう

❶ つなひきに　□《しゅつ》じょうする。

❷ きょうかしょを　□《だ》す。

❸ きょうしつを　□《で》たり　□《はい》ったり　する。

❹ 小学校《しょうがっこう》に　□《にゅう》学《がく》する。

❺ にわに　□《で》る。

□もん　正《せい》かい！　まんてんになるまでおさらいしよう！

こたえは107ページ

月　日

17 けいさんの まとめ④ たしざんと ひきざん

タイムアタック 目標 5 分

分　秒

❶ となりどうしの　かずを　たして、上《うえ》の ますに　こたえを　かきましょう。

			□			
		□		□		
	□		□		□	
3		2		0		1

❷ 上の　かずから　下《した》の　かずを　ひいて、となりの　ますに　こたえを　かきましょう。

			10			
		4		□		
	□		3		□	
□		0		3		□

□ もん 正《せい》かい！ まんてんになるまでおさらいしよう！

こたえは 108ページ

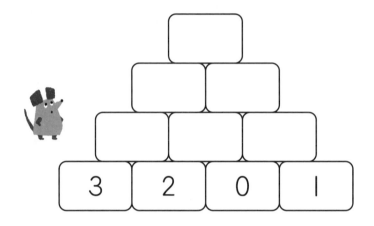

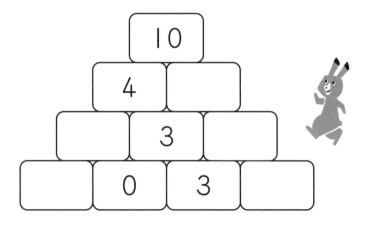

18 立 休

タイムアタック 目標5分
分　秒

よもう

① 学校《がっこう》を 休（　　）む。

② 「き立（　　）」と いわれて あわてて 立（　　）ちあがる。

③ あしたは 休（　　）日《じつ》だ。

④ ひざを 立（　　）てて すわる。

かこう

① すこし □《やす》もう。

② かべに もたれて □《た》つ。

③ そう □《りつ》きねん日《び》で 学校は □《やす》みだ。

④ 手《て》を とめて □《きゅう》けいする。

⑤ ろうそくを □《た》てる。

□もん 正《せい》かい！ まんてんになるまでおさらいしよう！

こたえは108ページ

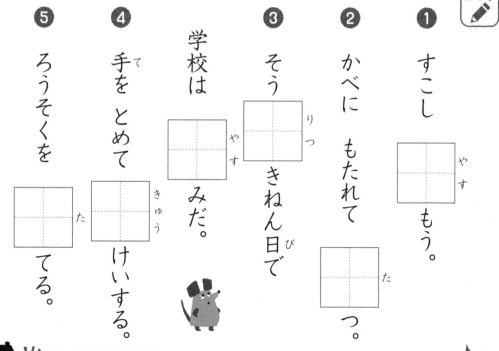

18 20までの かず

タイムアタック目標5分
分　秒

★ かずを かぞえて、すう字《じ》を かきましょう。

れいだい

1

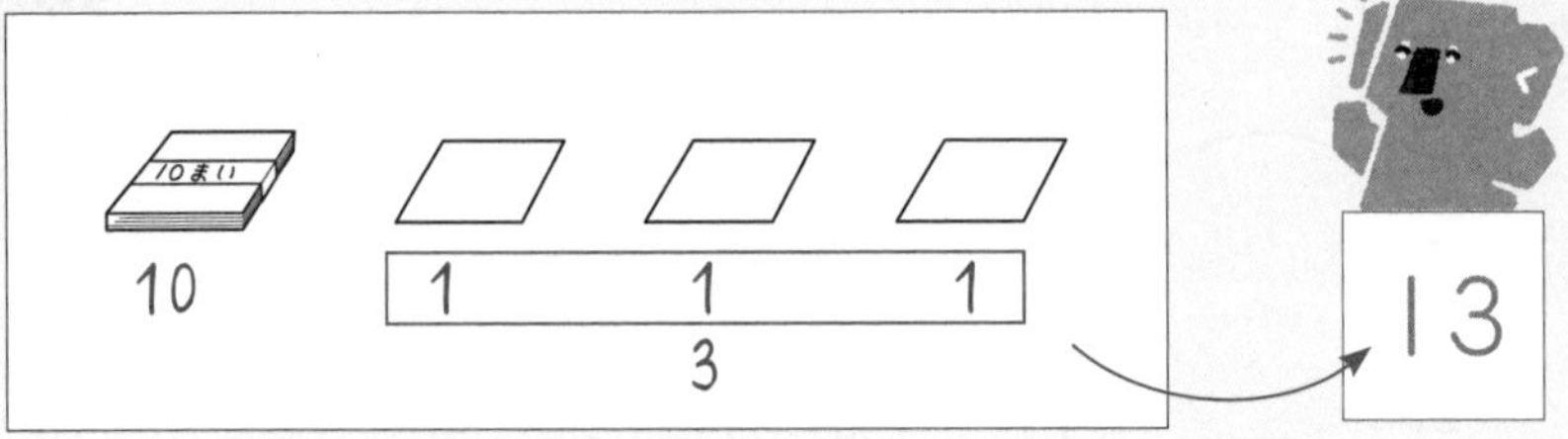

2

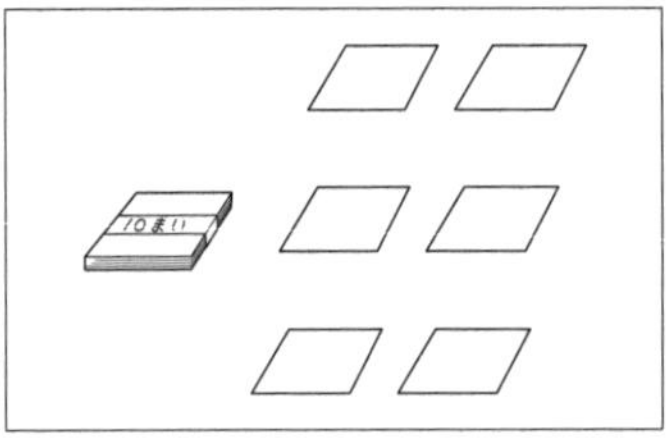

3

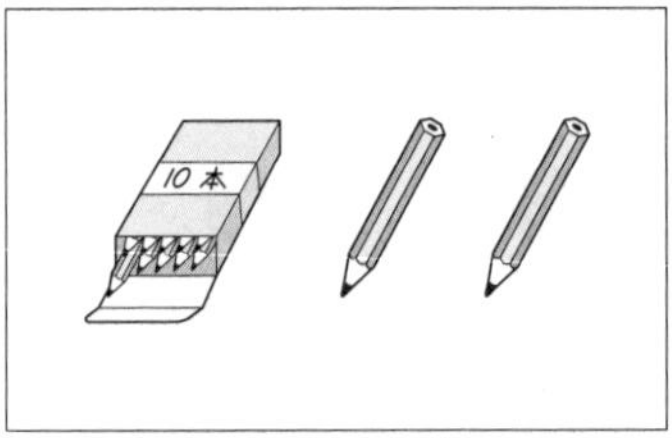

4

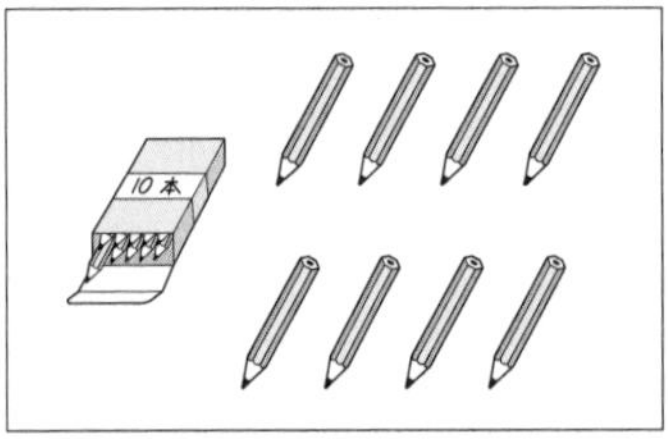

5

もん 正《せい》かい！まんてんになるまでおさらいしよう！

こたえは
108ページ

19 田　町

タイムアタック目標5分
分　秒

よもう

❶ 田（　　）んぼに　水《みず》を　ひく。

❷ 町（　　）の　人《ひと》びと。

❸ 町（　　）ないの　おまつりに　さんかする。

❹ 田（　　）うえを　する。

かこう

❶ □《た》はたを　たがやす。

❷ □《まち》が　にぎやかに　なる。

❸ □《ちょう》ちょうが　しごとで　□《まち》へ　出《で》かける。

❹ □《た》んぼに　うえる。

❺ いなか□《まち》へ　いく。

□もん 正《せい》かい！ まんてんになるまでおさらいしよう！

こたえは108ページ

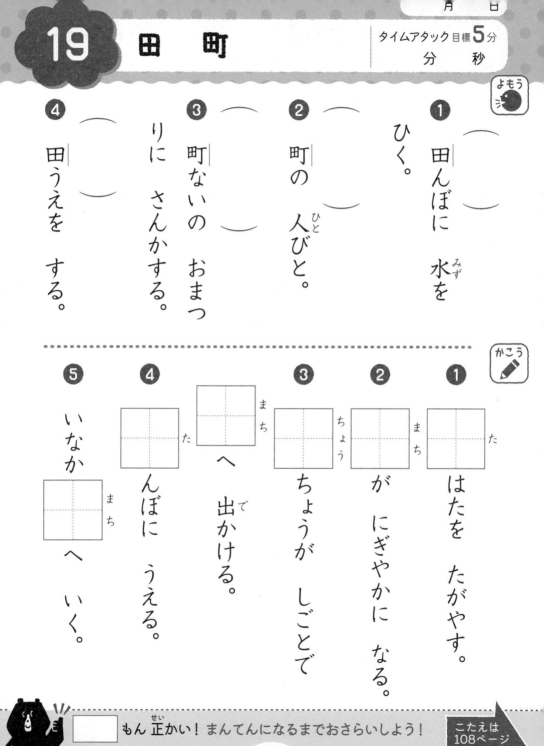

月　日

19 かくれている かずは いくつ①

タイムアタック目標5分
分　秒

★ □に あてはまる かずを かきましょう。

れいだい

❶ 10と 1で [11]　❷ 10と 3で □

❸ 10と 7で □　❹ 10と 6で □

❺ 10と 5で □　❻ 10と 9で □

❼ 10と 8で □　❽ 10と 4で □

❾ 10と 2で □　❿ 10と 10で □

□もん 正《せい》かい！ まんてんになるまでおさらいしよう！

こたえは
108ページ

20 かん字の　まとめ ⑤

タイムアタック 目標 5分
分　秒

よもう

❶ 大《たい》かいに　出じょうする。（　　）

❷ きゅうに　立ち上《あ》がる。（　　）

❸ 町ちょうに　なる。（　　）

❹ し立の　としょかん。（　　）

❺ はこに　入れる。（　　）

かこう

❶ □《で》口《ぐち》を　さがす。

❷ □《にゅう》じょうの　こうしん。

❸ □《た》って　見《み》まもる。

❹ □《やす》めの　しせい。

❺ □《た》んぼを　たがやす。

❻ □《まち》へ　いく。

□もん　正《せい》かい！　まんてんになるまでおさらいしよう！

こたえは
108ページ

月　日

20 かくれている かずは いくつ ②

タイムアタック 目標 5分

分　秒

★ □に あてはまる かずを かきましょう。

れいだい

❶ 12は、10と 2

❷ 15は、10と □

❸ 14は、10と □

❹ 11は、10と □

❺ 17は、10と □

❻ 19は、10と □

❼ 16は、10と □

❽ 13は、10と □

❾ 18は、10と □

❿ 20は、10と □

□もん 正《せい》かい！ まんてんになるまでおさらいしよう！

こたえは 108ページ

21 口 目

タイムアタック目標5分
分　秒

よもう

❶ 目がさめる。

❷ あめを口に入《い》れる。

❸ 本《ほん》の目じを見《み》る。

❹ おこった口ちょう。

❺ 人《じん》口がふえる。

かこう

❶ 二《に》ばん□《め》にすきな本。

❷ 町《まち》の人□《こう》をしらべる。

❸ おどろいて□《くち》を大《おお》きく
あけ、□《め》をまるくした。

❹ 山《やま》のちょう上《じょう》を□《め》ざす。

❺ □《もく》ひょうをもつ。

□もん正《せい》かい！まんてんになるまでおさらいしよう！

こたえは108ページ

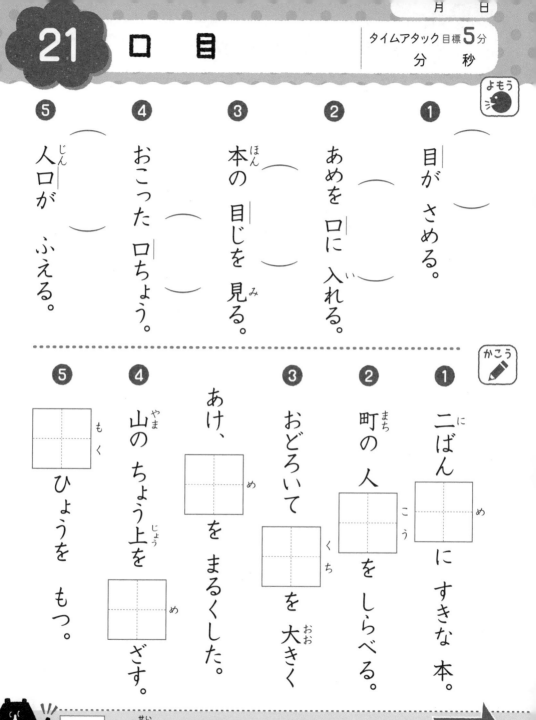

月　日

21 かずの　ならびかた

タイムアタック目標5分
分　秒

★ □に　あてはまる　かずを　かきましょう。

れいだい

❶ ― 11 ― 12 ― 13 ― 14 ― 15 ―

1　1　1　1

❷ ― 16 ― 17 ― □ ― 19 ― □ ―

❸ ― 10 ― □ ― 14 ― □ ― 18 ―

❹ ― 18 ― 17 ― □ ― □ ― 14 ―

❺ ― 6 ― 9 ― □ ― 15 ― □ ―

□もん 正《せい》かい！まんてんになるまでおさらいしよう！

こたえは
108ページ

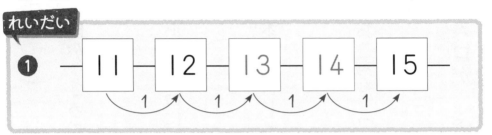

22 耳　人

タイムアタック 目標 5分
分　秒

よもう

❶ でん車《しゃ》を まつ 人（　）たちの れつ。

❷ かべに 耳（　）を あてる。

❸ 五《ご》人（　）一《ひと》くみ。

❹ けん玉《だま》の 名《めい》人（　）。

かこう

❶ とうじょう □《じん》ぶつ。

❷ となりの □《ひと》を 見《み》る。

❸ □《にん》げんと 犬《いぬ》や ねこの □《みみ》の ちがい。

❹ むかしの □《ひと》びとの くらし。

❺ □《みみ》を すます。

□ もん 正《せい》かい！ まんてんになるまでおさらいしよう！

こたえは 108ページ

22 20までの かずの たしざん

タイムアタック 目標5分

分　秒

★ つぎの　けいさんを　しましょう。

れいだい

❶ 10+2= 12

❷ 12+1= □

❸ 10+7= □

❹ 11+4= □

❺ 10+5= □

❻ 15+3= □

❼ 16+3= □

❽ 12+4= □

❾ 11+3= □

❿ 14+5= □

□ もん 正《せい》かい！ まんてんになるまでおさらいしよう！

こたえは 108ページ

23 手　足

タイムアタック目標5分
分　秒

よもう

❶ 手（　　）で 水《みず》を すくう。

❷ 足（　　）あとを たどる。

❸ リレーの せん手（　　）。

❹ えん足（　　）に いく。

❺ 一《ひと》つ 足（　　）りない。

かこう

❶ □《て》のひらを ひろげる。

❷ じゅうぶん □《た》りる。

❸ □《て》を つかう スポーツと、□《あし》を つかう スポーツ。

❹ □《しゅ》じゅつを うける。

❺ 一《いっ》□《そく》の くつ。

□もん 正《せい》かい！ まんてんになるまでおさらいしよう！

こたえは108ページ

月　日

23 20までの かずの ひきざん

タイムアタック目標5分　分　秒

★ つぎの けいさんを しましょう。

れいだい

❶ 13−3＝ 10

❷ 15−1＝ □

❸ 16−6＝ □

❹ 18−2＝ □

❺ 19−1＝ □

❻ 17−6＝ □

❼ 16−4＝ □

❽ 15−2＝ □

❾ 18−4＝ □

❿ 19−4＝ □

□もん 正《せい》かい！ まんてんになるまでおさらいしよう！

こたえは
108ページ

24 かん字の まとめ ⑥

タイムアタック目標5分　分　秒

よもう

① 口（　）ぶえを ふく。

② 目（　）を 見《み》ひらく。

③ サッカーせん手（　）。

④ 口（　）ちょうが かわる。

⑤ 二《に》足（　）の くつ。

かこう

① □（くち）を あける。

② □（め）を まるくする。

③ 空《そら》□（みみ）だった。

④ □（ひと）が おおい。

⑤ □（て）を にぎる。

⑥ □（あし）音《おと》が きこえる。

□もん 正《せい》かい！ まんてんになるまでおさらいしよう！

こたえは108ページ

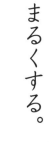

24 けいさんの まとめ⑤ たしざんと ひきざん

タイムアタック目標5分
分　秒

★ つぎの けいさんを しましょう。

❶ $10+4=\square$

❷ $18-8=\square$

❸ $12+3=\square$

❹ $13+5=\square$

❺ $19-2=\square$

❻ $15-3=\square$

❼ $11+8=\square$

❽ $18-7=\square$

❾ $13-1=\square$

❿ $14+2=\square$

⓫ $15+4=\square$

⓬ $17-7=\square$

□もん 正《せい》かい！ まんてんになるまでおさらいしよう！

こたえは 109ページ

25 子　名

タイムアタック目標5分
分　秒

よもう

① げん気《き》な（　）子ども。

② し名の（　）らんに 名（　）まえを かく。

③ 男《だん》子（　）の しあい。

④ 子（　）どもの 名（　）まえ。

かこう

① あの □《こ》 は つり □《めい》 人《じん》。

② 女《じょ》 □《し》 の だいひょうせん手《しゅ》。

③ □《な》 ふだを つける。

④ □《こ》 どもの こえ。

⑤ □《めい》 ぼに □《な》 まえが ある。

□ もん 正《せい》かい！ まんてんになるまでおさらいしよう！

こたえは109ページ

25 とけい①

タイムアタック 目標 5分
分　秒

★ とけいを　よみましょう。

れいだい

❶

2じ

❷

1じはん

❸

❹

❺

❻

❼

❽

□ もん 正《せい》かい！ まんてんになるまでおさらいしよう！

こたえは
109ページ

26 男 女

タイムアタック 目標5分
分　秒

よもう

① 男（　　）の子《こ》と　女（　　）の子の　くみあわせ。

② 男（　　）子《し》は　校《こう》ていに　しゅうごうしなさい。

③ 女（　　）せいの　先生《せんせい》。

④ ちょう男（　　）が　生《う》まれる。

かこう

① □□《だんじょ》こんごうの　チーム。

② □《だん》子が　サッカーを　する。

③ □《おとこ》の子は　右《みぎ》がわに、□《おんな》の子は　左《ひだり》がわに　ならぶ。

④ ぼくは　三《さん》□《なん》です。

⑤ □《だん》せいと　□《じょ》せい。

□もん 正《せい》かい！ まんてんになるまでおさらいしよう！

こたえは 109ページ

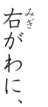

26 3つの かずの たしざん

タイムアタック 目標5分
分　秒

★ つぎの けいさんを しましょう。

れいだい

❶ $3+2+1=\boxed{6}$

❷ $1+3+1=\square$

❸ $4+2+3=\square$

❹ $2+1+4=\square$

❺ $1+3+4=\square$

❻ $4+6+6=\square$

❼ $2+5+3=\square$

❽ $3+1+5=\square$

❾ $7+3+5=\square$

❿ $5+5+8=\square$

□もん 正《せい》かい！まんてんになるまでおさらいしよう！

こたえは
109ページ

27　虫　犬

タイムアタック 目標5分
分　秒

よもう

1 はるに なって、虫（　　）が うごき出《だ》す。

2 大《おお》きな 犬（　　）が ほえる。

3 めずらしい こん虫（　　）を さいしゅうする。

4 もうどう犬（　　）の やく目《め》。

かこう

1 □《むし》の からだの つくり。

2 □《いぬ》を かう。

3 □《むし》を しらべようと、こん□《ちゅう》ずかんを ひらく。

4 かい□《いぬ》に かまれる。

5 小《こ》がた□《けん》を かう。

□もん 正《せい》かい！ まんてんになるまでおさらいしよう！

こたえは 109ページ

月　　日

27 3つの かずの ひきざん

タイムアタック目標5分
分　　秒

★ つぎの けいさんを しましょう。

れいだい

❶ 5−2−1= 2

❷ 7−4−2= □

❸ 8−1−2= □

❹ 10−6−1= □

❺ 14−4−5= □

❻ 17−7−8= □

❼ 10−1−3= □

❽ 16−6−1= □

❾ 7−2−3= □

❿ 9−1−3= □

□もん 正《せい》かい！まんてんになるまでおさらいしよう！

こたえは
109ページ

28 かん字の　まとめ ⑦

タイムアタック 目標5分
分　秒

よもう

❶ 子ども が　あそぶ。

❷ 名まえを　かく。

❸ 男の子が　はしる。

❹ 女子の　だいひょう。

❺ ばん犬を　かう。

かこう

❶ □《こ》どもを　しかる。

❷ □《な》まえを　つたえる。

❸ □《だん》せいの　こえ。

❹ □《おんな》の　□《こ》が　わらう。

❺ □《むし》の　なきごえ。

❻ □《いぬ》が　ほえる。

□もん 正《せい》かい！ まんてんになるまでおさらいしよう！

こたえは
109ページ

月　日

28 3つの かずの けいさん

タイムアタック目標5分

分　秒

★ つぎの けいさんを しましょう。

れいだい

❶ 3+4−2= 5　　❷ 6−4+1= □

❸ 9−5+2= □　　❹ 10+6−3= □

❺ 15+3−8= □　　❻ 16−6+1= □

❼ 7+2−5= □　　❽ 4+6−7= □

❾ 17+2−9= □　　❿ 14−4+6= □

□ もん 正《せい》かい！ まんてんになるまでおさらいしよう！

こたえは 109ページ

29 貝　生

タイムアタック 目標5分
分　秒

よもう

❶ うみの 中《なか》の たくさんの 貝（　　）。

❷ 森《もり》の 生（　　）きものを しらべる。

❸ 生（　　）ぶつの かんさつ。

❹ 草《くさ》が 生（　　）える。

かこう

❶ □《かい》がらを ひろう。

❷ □《せい》めいの ふしぎ。

❸ □《い》きものたちの □《せい》かつを しらべる。

❹ 二《に》まい □《がい》の なかま。

❺ □《せい》とへの しつもん。

□ もん 正《せい》かい！ まんてんになるまでおさらいしよう！

こたえは 109ページ

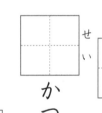

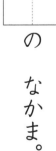

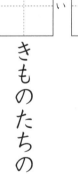

月　日

29 けいさんの まとめ⑥
たしざんと ひきざん

タイムアタック目標**5**分

分　秒

★ つぎの けいさんを しましょう。

❶ 1＋5＋3＝□

❷ 9－3－4＝□

❸ 5＋4－6＝□

❹ 8－3＋2＝□

❺ 9＋1－2＝□

❻ 13－3＋5＝□

❼ 10＋9－8＝□

❽ 19－5－2＝□

❾ 6＋4－2＝□

❿ 8－2＋4＝□

⓫ 14＋5－6＝□

⓬ 12－2－5＝□

□もん 正《せい》かい！まんてんになるまでおさらいしよう！

こたえは
109ページ

30 青 赤

タイムアタック目標5分
分　秒

よもう

❶ しんごうが 青（　　）に なったら わたる。

❷ 赤（　　）ずきんちゃんの おはなしを よむ。

❸ かおを 赤（　　）らめる。

❹ 青（　　）年《ねん》の はなし。

かこう

❶ ひとりの □《せい》年が きた。

❷ □《あか》い マフラーを まく。

❸ □《あお》虫《むし》が じめんを はい、
□《あか》い 花《はな》を 目《め》ざす。

❹ □《あか》と □《あお》の えのぐ。

❺ □《あか》ちゃんの 手《て》のひら。

□ もん 正《せい》かい！ まんてんになるまでおさらいしよう！

こたえは
109ページ

30 くり上がりの ある たしざん ①

タイムアタック目標 5分
分　秒

★ つぎの けいさんを しましょう。

れいだい

❶ 8＋3＝ 11

2　1

8 ＋ 3

1 3を わける

2 10を つくる

10

2　1

3 10と 1を たす

❷ 3＋9＝ □

□　□

❸ 8＋7＝ □

□　□

❹ 6＋7＝ □

□　□

❺ 8＋8＝ □

□　□

❻ 7＋7＝ □

□　□

❼ 8＋9＝ □

□　□

□もん 正《せい》かい！ まんてんになるまでおさらいしよう！

こたえは 109ページ

月　日

31 白 大

タイムアタック目標5分
分　秒

よもう

① よく はれた 空《そら》に
（　　）白い くもが 一《ひと》つ。

② （　　）大きな 石《いし》が
ころがる。

③ （　　）大学《がく》に いく。

④ （　　）白まいを たべる。

かこう

① しろ□い ゆきが ふる。

② おお□きな たてもの。

③ だい□すきな ケーキを、
おお□きな フォークで たべる。

④ しろ□くまの おや子《こ》。

⑤ おお□そうじを する。

□もん 正《せい》かい！ まんてんになるまでおさらいしよう！

こたえは 109ページ

月　日

31 くり上がりの ある たしざん ②

タイムアタック目標5分
分　秒

★ つぎの　けいさんを　しましょう。

れいだい

❶ 6+6=12
（4　2）

❷ 9+7=□
（□　□）

❸ 9+2=□

❹ 8+5=□

❺ 6+8=□

❻ 9+8=□

❼ 7+8=□

❽ 5+6=□

❾ 9+9=□

❿ 7+9=□

□もん 正《せい》かい！まんてんになるまでおさらいしよう！

こたえは
109ページ

32 中　小

よもう

❶ 中（　）学生《がくせい》と　小（　）学生の　きょうだい。

❷ 中（　）みは　なんですか。

❸ のはらに　小（　）さな　花《はな》が　さいて　いる。

❹ 小（　）川《がわ》の　小（　）石《いし》。

かこう

❶ ［ちゅう］ぐらいの　はこ。

❷ ［なか］は　からっぽだ。

❸ ［しょう］学校《がっこう》を　そつぎょうし、［ちゅう］学校に　入学《にゅうがく》する。

❹ ［こ］むぎこを　つかう。

❺ ［しょう］どうぶつを　しいくする。

（　）もん　正《せい》かい！　まんてんになるまでおさらいしよう！

こたえは110ページ

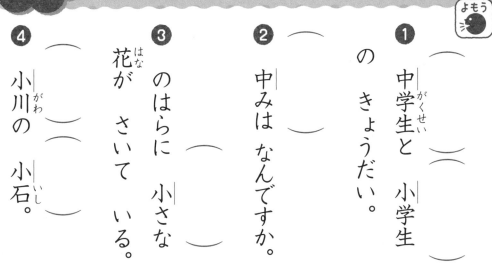

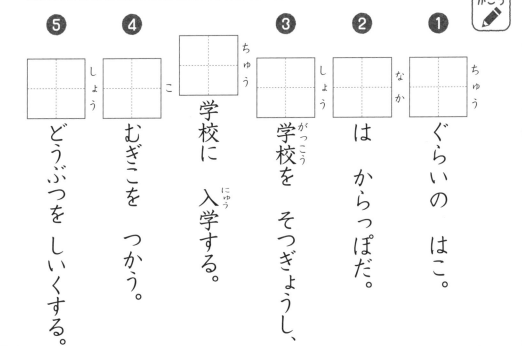

32 くり上がりの ある たしざん ③

タイムアタック 目標5分

分　秒

★ つぎの もんだいに こたえましょう。

れいだい

❶ みかんが 赤《あか》い はこに 6こ、青《あお》い はこに 8こ 入《はい》って います。みかんは あわせて なんこ ありますか。

しき 6 ＋ 8 ＝　　　こたえ □ こ

❷ いろがみを 9まい もって います。3まい もらうと、なんまいに なりますか。

しき □　　　こたえ □ まい

❸ 子《こ》どもが 8人《にん》 います。9人 くると、あわせて なん人に なりますか。

しき □　　　こたえ □ 人

□ もん 正《せい》かい！まんてんになるまでおさらいしよう！

こたえは 110ページ

33 かん字の まとめ ⑧

タイムアタック 目標5分
分　秒

よもう

① 青空《ぞら》が ひろがる。

② 森《もり》の 中で まよう。

③ 貝がらを あつめる。

④ 小さな 赤い 花《はな》。

⑤ 大せつな なかま。

かこう

① □《あお》い ふくを きる。

② ひげを □《は》やす。

③ □《あか》いろの クレヨン。

④ いえの □《なか》で あそぶ。

⑤ □《おお》きな ケーキを たべる。

⑥ □《ちゅう》ぐらいの はこ。

□もん 正《せい》かい！ まんてんになるまでおさらいしよう！

こたえは110ページ

33 くり下がりの　ある　ひきざん ①

タイムアタック目標 5分

分　秒

★ つぎの　けいさんを　しましょう。

れいだい

❶ 13－9＝［4］

［10］［3］

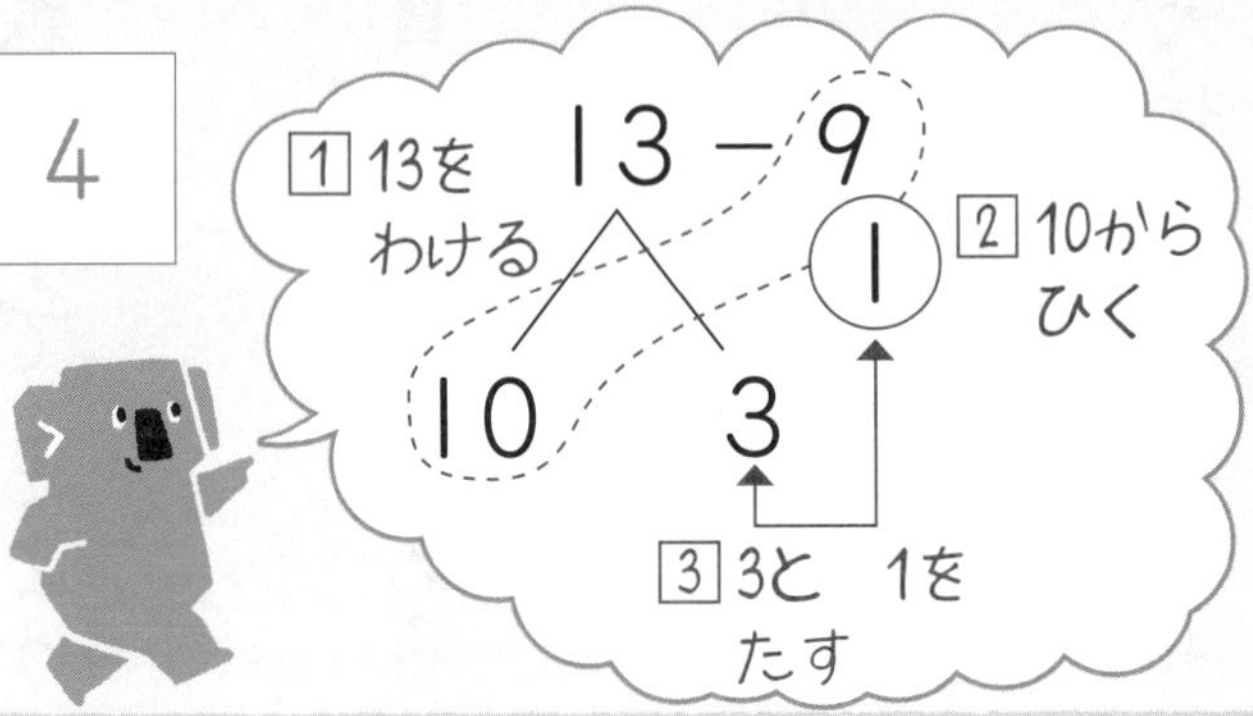

❷ 12－7＝［　］

［　］［　］

❸ 13－6＝［　］

［　］［　］

❹ 16－7＝［　］

［　］［　］

❺ 17－9＝［　］

［　］［　］

❻ 14－8＝［　］

［　］［　］

❼ 11－9＝［　］

［　］［　］

［　］もん 正《せい》かい！ まんてんになるまでおさらいしよう！

こたえは 110ページ

34 天気土石

タイムアタック 目標5分
分　秒

よもう

① きょうは　とても　天気（　　）が　よい。

② 校《こう》ていの　土（　　）や　石（　　）を　しらべる。

③ かみねん土（　　）で　こうさくを　する。

かこう

① □《てん》まで　とどけ。

② □《いし》で　できた　はし。

③ 空《くう》□《き》が　まざった　ふかふかの　□《つち》。

④ □《いし》と　ねん□《ど》。

⑤ □《き》もちを　つたえる。

□もん　正《せい》かい！　まんてんになるまでおさらいしよう！

こたえは110ページ

月　日

34 くり下がりの ある ひきざん②

タイムアタック目標5分
分　秒

★ つぎの けいさんを しましょう。

れいだい

❶ 13−5＝8
　10　3

❷ 11−6＝□
　□　□

❸ 15−6＝□

❹ 11−4＝□

❺ 12−9＝□

❻ 16−8＝□

❼ 15−9＝□

❽ 13−8＝□

❾ 11−7＝□

❿ 14−5＝□

□もん 正《せい》かい！まんてんになるまでおさらいしよう！

こたえは110ページ

35 見 空 月 日

タイムアタック目標5分
分　秒

よもう

❶ 一《いち》月（　）　三《みっ》日（　）は
月（　）よう日（　）です。

❷ 日（　）よう日（　）に
見（　）学《がく》に いく。

❸ 空（　）の 月（　）を 見（　）る。

かこう

❶ 五《ご》□《がつ》　五《いつ》□《か》は
子《こ》どもの □《ひ》。

❷ □《そら》に くもが うかぶ。

❸ □《にち》ようの よてい。

❹ □《けん》ぶつきゃくが おおい。

❺ 虫《むし》めがねで □《み》る。

□もん 正《せい》かい！ まんてんになるまでおさらいしよう！

こたえは110ページ

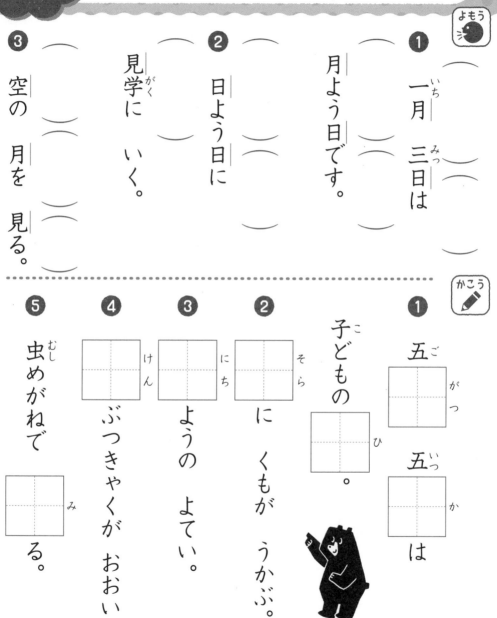

35 くり下がりの ある ひきざん ③

タイムアタック目標 5分

分　秒

★ つぎの　もんだいに　こたえましょう。

れいだい

❶ クッキーが　12こ　あります。6こ　たべると、のこりは　なんこですか。

しき 12 − 6 =　　こたえ □ こ

❷ シールが　16まい　あります。9まい　つかうと、のこりは　なんまいですか。

しき □　　こたえ □ まい

❸ 花《か》だんに　赤《あか》い　花《はな》が　11本《ぽん》、白《しろ》い　花が　8本《ほん》　さいて　います。赤い　花は、白い　花より　なん本《ぼん》　おおいですか。

しき □　　こたえ □ 本

□ もん 正《せい》かい！まんてんになるまでおさらいしよう！

こたえは 110ページ

36 草　花　火　年

タイムアタック目標5分
分　秒

よもう

❶ 草（　　）げんの　草（　　）が
かぜに　ゆれる。

❷ よく年（　　）も　花（　　）だんに
一《いち》年（　　）中《じゅう》　花（　　）が　さいた。

❸ 火（　　）よう日《び》に　花火（　　）を
見《み》に　いく。

かこう

❶ たき［　］《び》を　する。

❷ ざっ［　］《そう》を　ぬく。

❸ ［　］《か》びんに　きれいな　［　］《はな》を　生《い》ける。

❹ ［　］《ねん》かんの　ぎょうじ。

❺ ［　］《か》よう日に　［　］《くさ》を　かる。

［　　］もん　正《せい》かい！　まんてんになるまでおさらいしよう！

こたえは110ページ

月　日

36 けいさんの まとめ⑦
たしざんと ひきざん

タイムアタック目標5分

分　秒

★ つぎの けいさんを しましょう。

❶ 8＋4＝□

❷ 11－8＝□

❸ 15－7＝□

❹ 9＋5＝□

❺ 14－7＝□

❻ 4＋7＝□

❼ 9＋9＝□

❽ 12－8＝□

❾ 13－4＝□

❿ 2＋9＝□

⓫ 8＋6＝□

⓬ 14－9＝□

□もん 正《せい》かい！ まんてんになるまでおさらいしよう！

こたえは
110ページ

37 かん字の まとめ ⑨

タイムアタック 目標5分
分　秒

よもう

❶ 天の川《がわ》が 見える。

❷ 空いろの クレヨン。

❸ 土しゃが くずれる。

❹ 花火が 上《あ》がる。

❺ 草花を あいする。

かこう

❶ □《つき》が あかるい。

❷ □《つち》を こねる。

❸ □《か》びんが われる。

❹ □《ねん》かんの かつどう。

❺ □《くさ》を むしる。

❻ □《ひ》を つかう。

□もん 正《せい》かい！ まんてんになるまでおさらいしよう！

こたえは110ページ

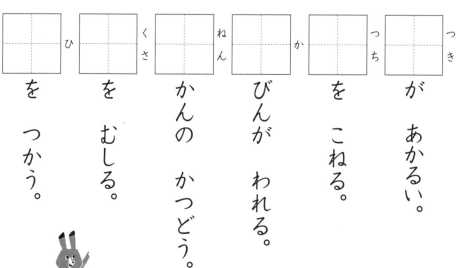

37 けいさんの まとめ⑧ たしざんと ひきざん

タイムアタック目標5分
分　秒

❶ となりどうしの かずを たして、上《うえ》の ますに こたえを かきましょう。

7	1	0	4

❷ 上の かずから 下《した》の かずを ひいて、となりの ますに こたえを かきましょう。

19			
	8		
8			
			3

□もん 正《せい》かい！まんてんになるまでおさらいしよう！

こたえは110ページ

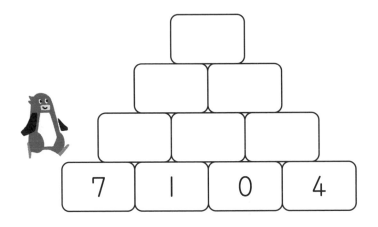

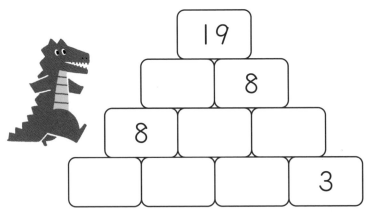

38 金 王 先 日

タイムアタック目標5分
分　　秒

よもう

❶ 王さまが　たくさん
お金を　つかう。

❷ 先生《せい》より　先に
きょうしつを　出《で》る。

❸ 金よう日に
テニスを　ならう。

かこう

❶ □《おう》の　□《きん》の　かんむり。

❷ ゆう□《せん》せきを　ゆずる。

❸ 水《すい》よう□《び》に　千円《せんえん》、
お□《かね》を　つかった。

❹ □《せん》とうは　ぼくだ。

❺ □《さき》に　いきましょう。

□　もん　正《せい》かい！　まんてんになるまでおさらいしよう！

こたえは
111ページ

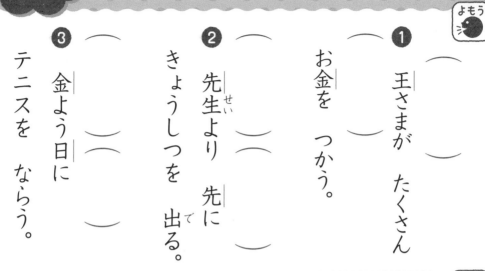

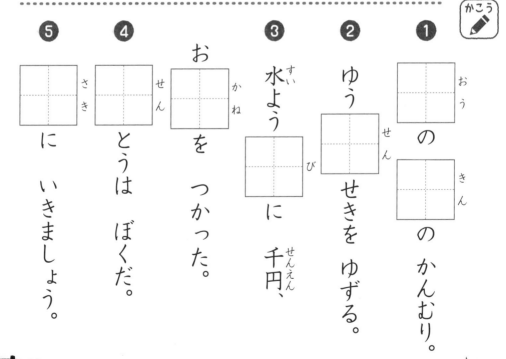

38 たすのかな ひくのかな ①

タイムアタック目標5分
分　秒

★ つぎの　もんだいに　こたえましょう。

れいだい

❶ とりが　7わ　木《き》に　とまって　いました。そこへ　5わ　とんで　きました。あわせて　とりは　なんわに　なりましたか。

しき 7 + 5 =　　**こたえ** □ わ

❷ たろうさんは、えんぴつを　15本《ほん》　もって　いました。おとうとに　9本　あげると、のこりは　なん本《ぼん》に　なりますか。

しき □　　**こたえ** □ 本

❸ きょうしつに　8人《にん》　います。6人　入《はい》って　くると、みんなで　なん人に　なりますか。

しき □　　**こたえ** □ 人

□ もん 正《せい》かい！まんてんになるまでおさらいしよう！

こたえは 111ページ

39 早 夕 村 力

タイムアタック 目標5分
分　秒

よもう

① 村一《いち》ばんの 力もち。

② あさ 早くから、夕がたまで 出《で》かける。

③ 村ちょうに なる。

④ きょう力して つくる。

かこう

① □《むら》人《びと》が きょう□《りょく》する。

② □《はや》おきは 三《さん》もんの とく。

③ □《ゆう》がたには うつくしい □《ゆう》日《ひ》が 見《み》られる。

④ □《そん》みんの い見《けん》。

⑤ □《ちから》いっぱい さけぶ。

□もん 正《せい》かい！ まんてんになるまでおさらいしよう！

こたえは111ページ

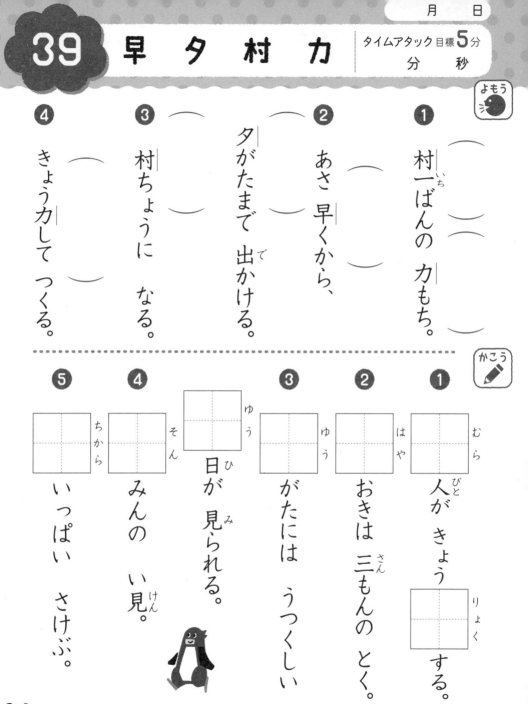

月　日

39 たすのかな ひくのかな ②

タイムアタック目標5分
分　秒

★ つぎの　もんだいに　こたえましょう。

❶ 赤《あか》い　花《はな》が　14本《ほん》、白《しろ》い　花が　8本　さいて　います。赤い　花は、白い　花より　なん本　おおいですか。

しき ＿＿＿＿　こたえ ＿＿ 本

❷ りんごが　5こ、みかんが　8こ　あります。ぜんぶで　なんこ　ありますか。

しき ＿＿＿＿　こたえ ＿＿ こ

❸ あめが　16こ　あります。7人《にん》の　子《こ》どもに　1こずつ　あげると、あめは　なんこ　のこりますか。

しき ＿＿＿＿　こたえ ＿＿ こ

＿＿もん 正《せい》かい！まんてんになるまでおさらいしよう！

こたえは 111ページ

40 糸　車　円　玉

タイムアタック 目標5分
分　秒

よもう

① 玉（　　）のりを 見《けん》ぶつする。

② じてん車（　　）の よこを
車（　　）が とおる。

③ 五《ご》円玉（　　）に 糸（　　）を とおす。

④ 車（　　）りんが まわる。

かこう

① ふう□《しゃ》が まわる。

② お手《て》□《だま》で あそぶ。

③ じどう□《しゃ》の うんてん。

④ け□《いと》の 手ぶくろ。

⑤ 百《ひゃく》□《えん》□《だま》を もらう。

⑥ □《くるま》に のって 出《で》かける。

□ もん 正《せい》かい！ まんてんになるまでおさらいしよう！

こたえは 111ページ

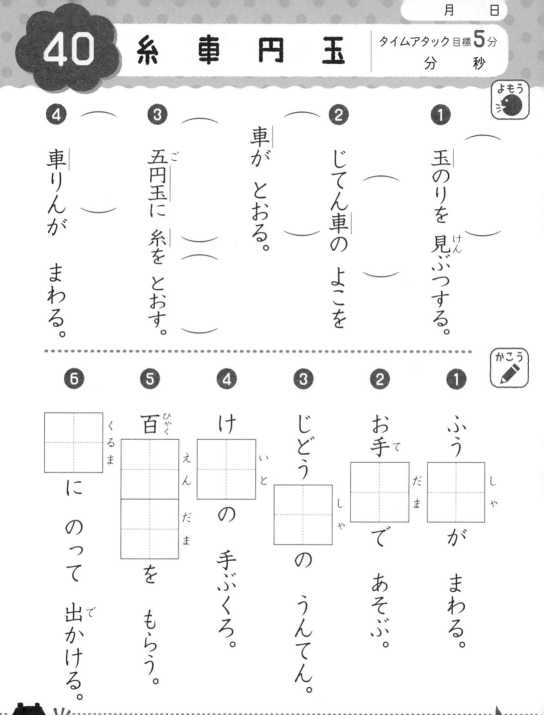

40 100までの かず ①

タイムアタック 目標5分
分　秒

★ かずを かぞえて、すう字《じ》を かきましょう。

れいだい

❶

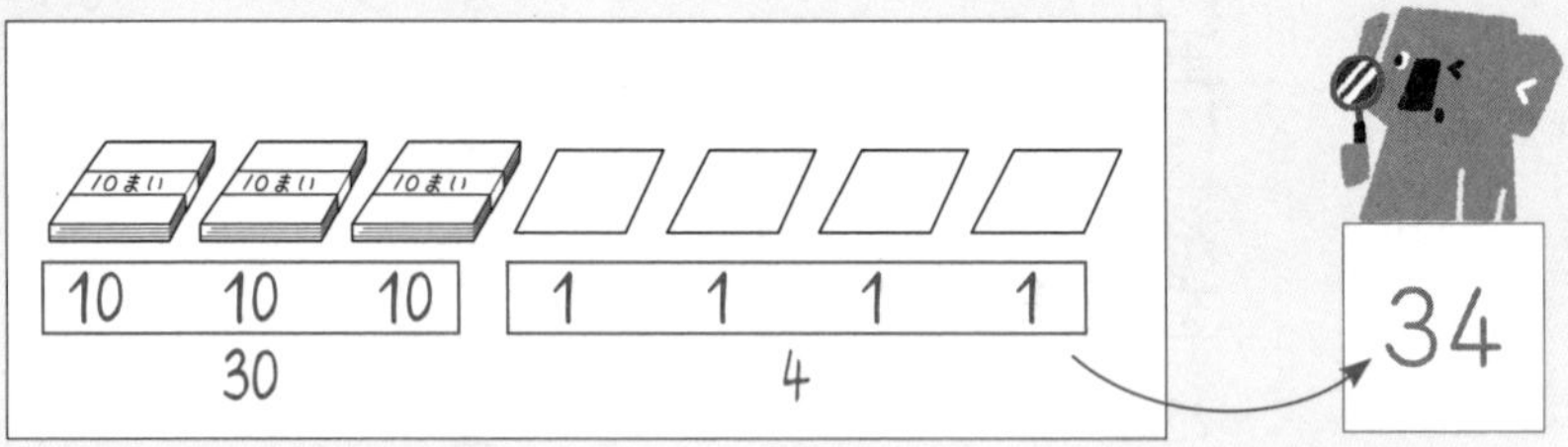

❷

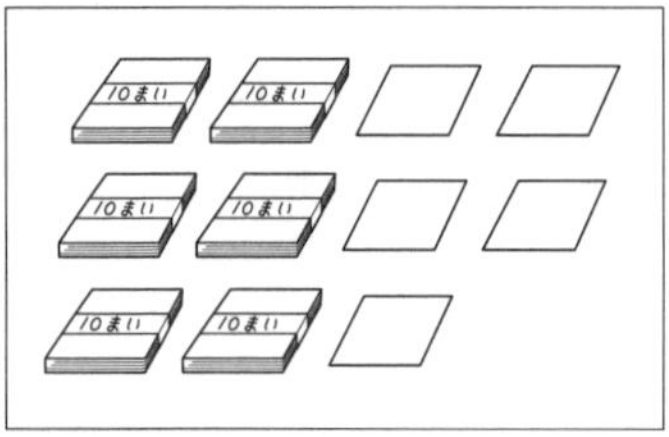

❸

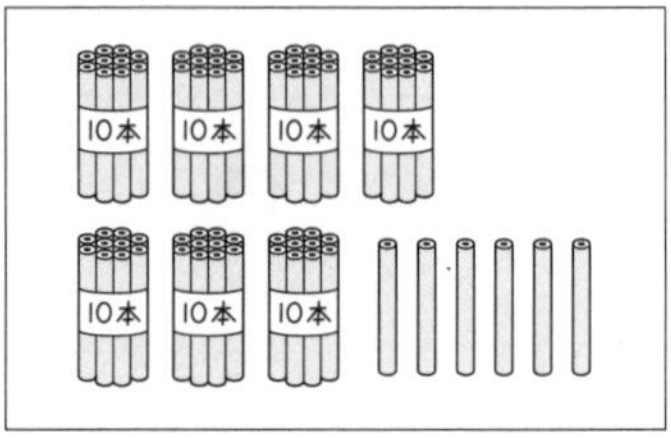

❹

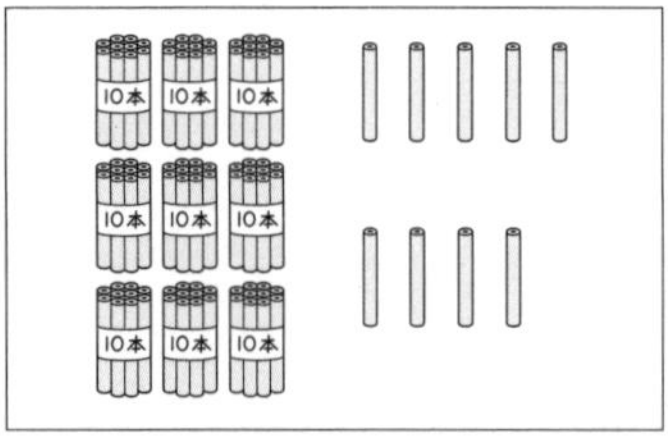

❺

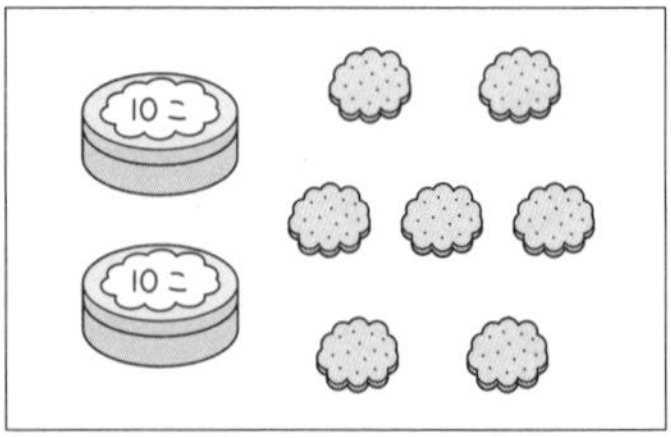

もん 正《せい》かい！ まんてんになるまでおさらいしよう！

こたえは 111ページ

41 かん字の まとめ ⑩

タイムアタック目標5分　分　秒

よもう

❶ 夕がたには かえる。

❷ 王さまの めいれい。

❸ くす玉を わる。

❹ 力いっぱい ひっぱる。

❺ 人《じん》力車に のる。

かこう

❶ おじいちゃんの すむ □《むら》。

❷ 月《げつ》よう□《び》に 学校《がっこう》へ いく。

❸ □《えん》を かく。

❹ うつくしい □《ゆう》やけ。

❺ あさ □《はや》く 川《かわ》へ いく。

❻ □《せん》生《せい》が ふえを ふく。

□ もん 正《せい》かい！ まんてんになるまでおさらいしよう！

こたえは 111ページ

月　日

41 100までの かず②

タイムアタック目標5分
分　秒

★ □に あてはまる かずを かきましょう。

れいだい

❶ 10が 4つと 1が 2つで [42]

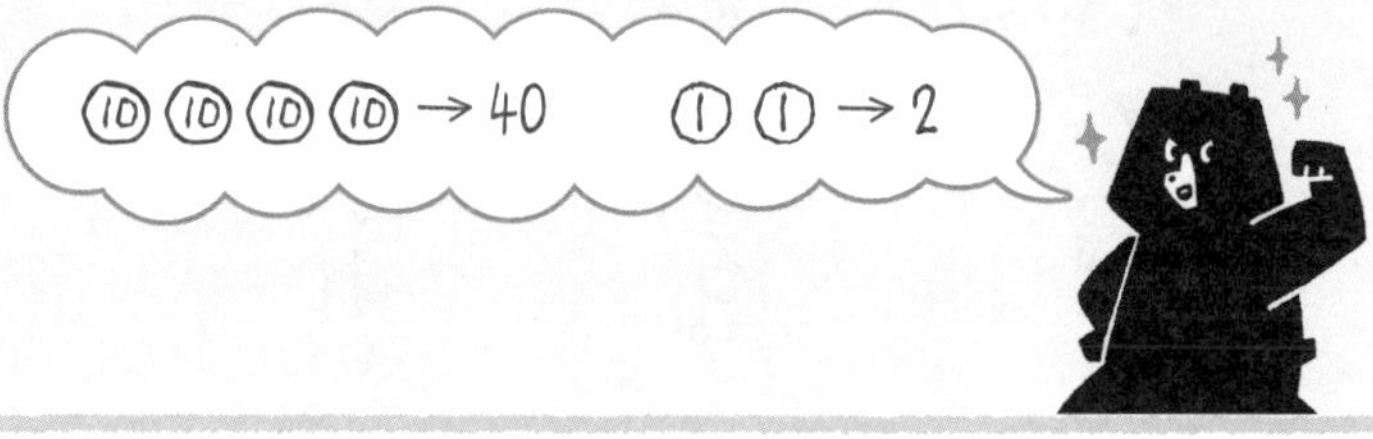

❷ 10が 5つで □

❸ 10が 7つと 1が 1つで □

❹ 83は 10が □つと 1が □つ

❺ 95は 10が □つと 1が □つ

□もん 正《せい》かい！ まんてんになるまでおさらいしよう！

こたえは 111ページ

月　日

42 生 学 校 字

タイムアタック 目標5分

分　秒

よもう

❶ 学校に かよう。

❷ 字を 学ぶ。

❸ 一年《いちねん》生の かん字を 学しゅうする。

❹ ひなが 生まれる。

かこう

❶ □《がっ》きゅういいん。

❷ これは 先《せん》□《せい》の □《じ》だ。

❸ もうすぐ 小《しょう》□《がっ》□《こう》の 二《に》年□《せい》に なる。

❹ □《こう》ていで あそぶ。

❺ □《せい》との 名《な》まえを よぶ。

□もん 正《せい》かい！ まんてんになるまでおさらいしよう！

こたえは 111ページ

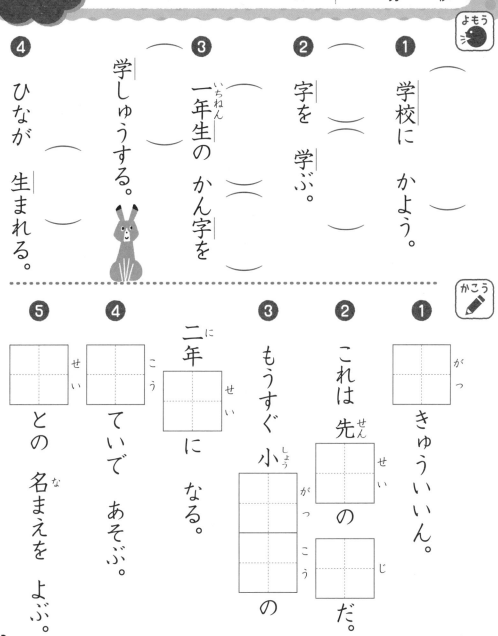

42 100までの かずの ならびかた①

タイムアタック目標5分

分　秒

★ □に あてはまる かずを かきましょう。

れいだい

❶	22	23	24	□	26

1　1　1　1

2　2

❷	56	57	□	59	□
❸	27	26	□	□	23
❹	82	□	86	88	□
❺	60	70	80	□	□

□もん 正《せい》かい！ まんてんになるまでおさらいしよう！

こたえは 111ページ

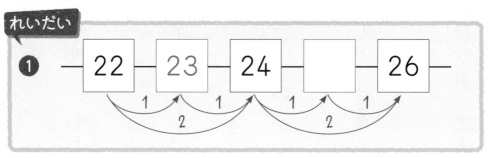

43 正 本 音 文

タイムアタック 目標5分
分　秒

よもう

① 正（　）しい かなづかいで 文（　）を かく。

② 木《き》の ゆれる 音（　）が きこえる。

③ 正（　）じきに 本（　）とうの ことを はなす。

かこう

① □《ただ》しく 字《じ》を かく。

② さく□《ぶん》を てい出《しゅつ》する。

③ バタンと □《おと》を 立《た》てて、□《ほん》が たおれた。

④ お□《しょう》月《がつ》を むかえる。

⑤ え□《ほん》を よむ。

□もん 正《せい》かい！ まんてんになるまでおさらいしよう！

こたえは 111ページ

43 100までの かずの ならびかた②

タイムアタック目標5分
分　秒

★ □に あてはまる かずを かきましょう。

れいだい

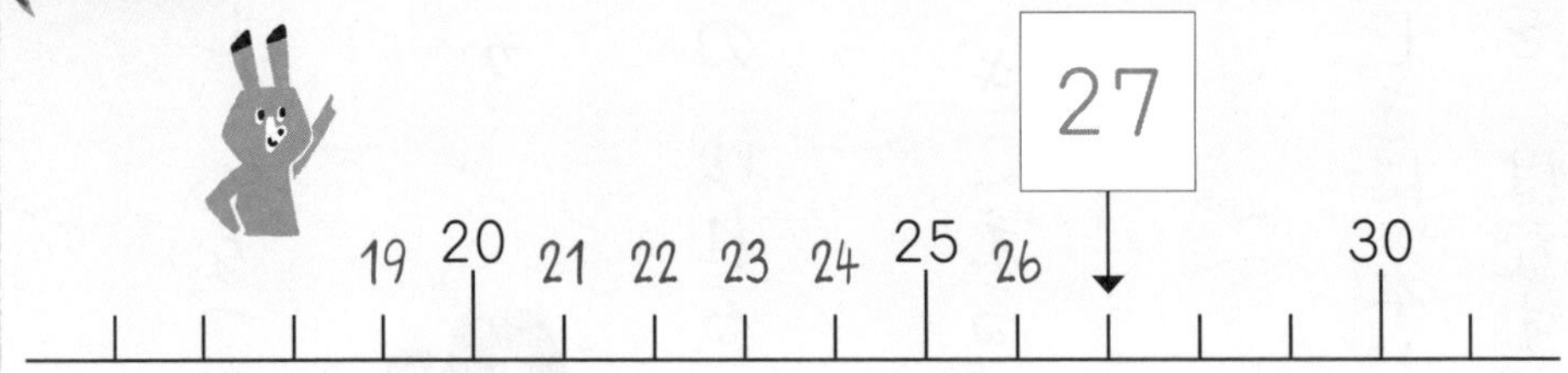

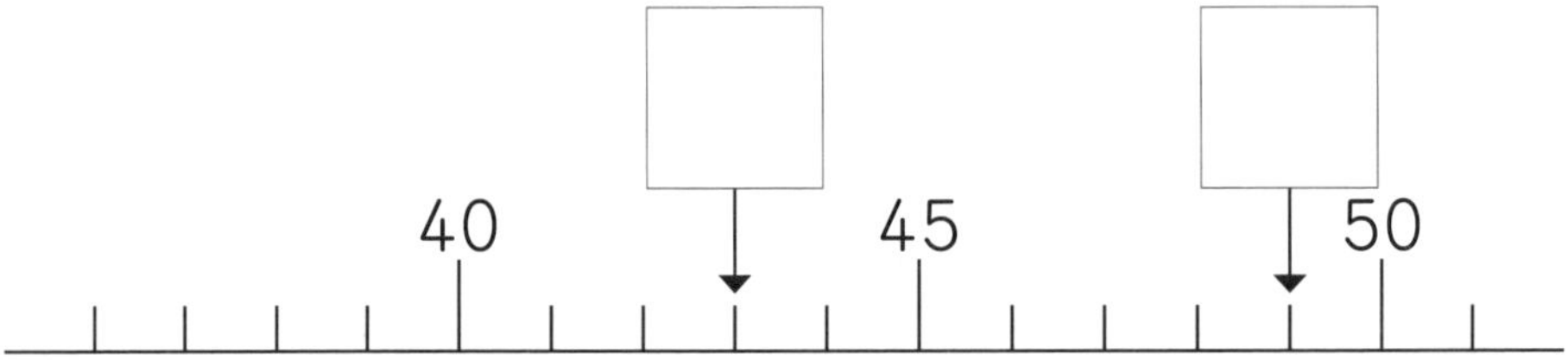

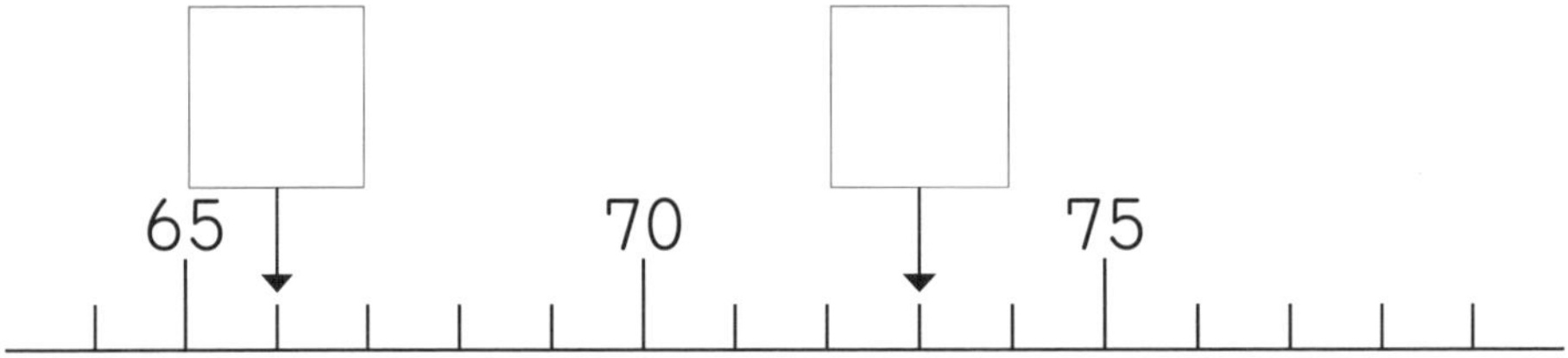

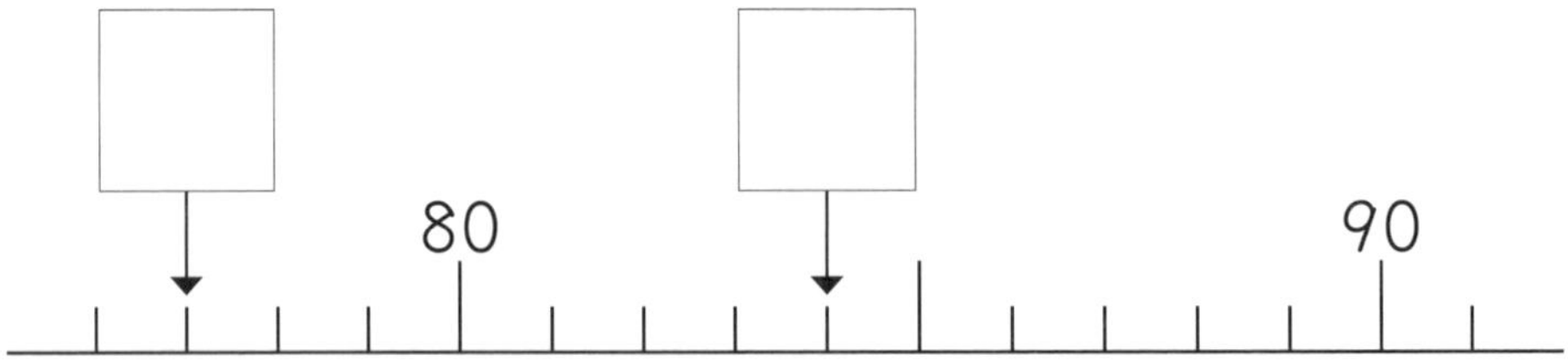

□もん 正《せい》かい！ まんてんになるまでおさらいしよう！

こたえは
111ページ

44 かん字の まとめ ⑪

タイムアタック目標5分
分　秒

よもう

1. （　）かん字（　）の（　）学（　）しゅう。
2. （　）正（　）しい（　）文（　）しょう。
3. 水《みず》の（　）音（　）がする。
4. （　）文（　）くをいわない。
5. クイズに（　）正（　）かいする。

かこう

1. おもしろい□《ほん》をよむ。
2. すずの□《おと》がする。
3. あたらしく□《まな》ぶ。
4. すう□《じ》をかく。
5. □《ただ》しいかきじゅん。
6. □《せい》ざをする。

□もん正《せい》かい！まんてんになるまでおさらいしよう！

こたえは111ページ

月　日

44 100を こえる かず

タイムアタック目標5分

分　秒

★ □に あてはまる かずを かきましょう。

れいだい

❶ 100と 2で 102

❷ 100と 8で □

❸ 100と □ で 110

❹ □ と 15で 115

❺ 100と 20で □

❻ 100と □ で 113

□ もん 正《せい》かい！ まんてんになるまでおさらいしよう！

こたえは 111ページ

45 1年の まとめ①

タイムアタック目標5分
分　秒

よもう

❶ きょうは ひどく 雨が ふって いるので いえで 休んで おこう。

❷ ちかくの 山へ いき たくさんの 虫を つかまえた。

かこう

❶ □《まち》へと □《で》かけて きれいな □《はな》を かった。

❷ □□《がっこう》で つかう ものに じぶんの □《な》まえを かく。

❸ □《みみ》を すまして なきごえを きく。

□もん 正《せい》かい！ まんてんになるまでおさらいしよう！

こたえは112ページ

45 100までの かずの たしざん

タイムアタック目標《もくひょう》5分
分　秒

★ つぎの けいさんを しましょう。

れいだい

❶ $10+20=$ 30

❷ $20+3=$ □

❸ $30+50=$ □

❹ $40+6=$ □

❺ $26+2=$ □

❻ $81+7=$ □

❼ $72+3=$ □

❽ $82+5=$ □

❾ $65+4=$ □

❿ $20+80=$ □

□ もん 正《せい》かい！ まんてんになるまでおさらいしよう！

こたえは 112ページ

46 1年の　まとめ②

タイムアタック 目標5分　分　秒

よもう

❶ ちかくの　あきちに　大きな（　）　田んぼが（　）　できた。

❷ 車に（　）　のって　ぼくの　おばあちゃんが　すんで　いる　村へ（　）　いきます。

かこう

❶ みちを　わたる　とき、□《みぎ》と　□《ひだり》を　よく　□《み》よう。

❷ □《きん》よう　□《び》に　ともだちから　□《ほん》を　かりる　ことに　なった。

❸ にわに　あった　□《いし》を　ひろって　すてた。

□もん　正《せい》かい！　まんてんになるまでおさらいしよう！

こたえは
112ページ

月　　日

46 100までの　かずの　ひきざん

タイムアタック目標《もくひょう》5分

分　　秒

★ つぎの　けいさんを　しましょう。

れいだい

❶ 40－20＝ 20

❷ 34－4＝ □

❸ 80－30＝ □

❹ 47－7＝ □

❺ 25－4＝ □

❻ 79－5＝ □

❼ 67－5＝ □

❽ 89－3＝ □

❾ 100－20＝ □

❿ 56－2＝ □

□ もん 正《せい》かい！ まんてんになるまでおさらいしよう！

こたえは 112ページ

47 1年の まとめ③

タイムアタック目標5分
分　秒

よもう

① なつに なったら 犬（　）を つれて 川（　）へ あそびに いこう。

② 二年生（　）に なったら かん字（　）の れんしゅうを まい日（　） しよう。

かこう

① □《もり》へと □《はい》ったら くまに □《で》あった。

② みんなで □《ちから》を あわせて にわに □《はな》を うえた。

③ □《おとこ》の □《こ》が むこうへ はしって いった。

□もん 正《せい》かい！ まんてんになるまでおさらいしよう！

こたえは112ページ

月　日

47 けいさんの まとめ⑨
たしざんと ひきざん

タイムアタック目標5分
分　秒

★ つぎの けいさんを しましょう。

❶ 30＋60＝□

❷ 80－40＝□

❸ 100－30＝□

❹ 33＋4＝□

❺ 10＋90＝□

❻ 21＋4＝□

❼ 75－3＝□

❽ 48－7＝□

❾ 22＋6＝□

❿ 69－2＝□

⓫ 82＋2＝□

⓬ 97－3＝□

□もん 正《せい》かい！ まんてんになるまでおさらいしよう！

こたえは
112ページ

48 1年の まとめ ④

タイムアタック目標5分　分　秒

よもう

❶ ボタンが とれたので はりと 糸（　　）を つかって なおした。

❷ きょうの 天気（　　）は はれのち くもりだ。

❸ 水（　　）を つかって 手（　　）を あらう。

かこう

❶ □《あお》い □《つき》が □《そら》に うかんで いる。

❷ □《はやし》の □《なか》は とても しずかで なんの □《おと》も しない。

❸ みずうみには □《さん》わの とりが いる。

□もん 正《せい》かい！ まんてんになるまでおさらいしよう！

こたえは 112ページ

48 とけい②

タイムアタック目標5分

分　秒

★ とけいを　よみましょう。

れいだい

❶

8じ10ぷん

❷

2じ15ふん

❸

❹

❺

❻

❼

❽

もん 正《せい》かい！まんてんになるまでおさらいしよう！

こたえは 112ページ

49 1年の まとめ⑤

タイムアタック 目標5分
分　秒

よもう

❶ おとうさんと いっしょに 木（　　）を きる。

❷ 正（　　）しい ひつじゅんで 字（　　）を かく。

❸ 五十円（　　）で けしゴムを かった。

かこう

❶ うみで □《かい》を とる。

❷ □《おう》さまが □《あか》と □《しろ》の マントを つける。

❸ □《つち》を □《て》で ほろうと する。

❹ □《たけ》を きって たけうまを つくる。

□ もん 正《せい》かい！ まんてんになるまでおさらいしよう！

こたえは 112ページ

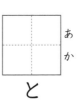

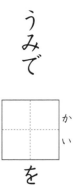

月　日

49 けいさんの　まとめ⑩ たしざん

タイムアタック 目標 5分

分　秒

★ つぎの　けいさんを　しましょう。

❶ 4＋5＝□

❷ 5＋0＝□

❸ 10＋9＝□

❹ 12＋6＝□

❺ 60＋20＝□

❻ 30＋70＝□

❼ 42＋5＝□

❽ 66＋2＝□

❾ 8＋3＝□

❿ 40＋50＝□

⓫ 82＋7＝□

⓬ 10＋90＝□

□もん 正《せい》かい！ まんてんになるまでおさらいしよう！

こたえは 112ページ

月　日

50 1年の　まとめ ⑥

タイムアタック 目標5分
分　秒

よもう

❶ うまれたばかりの　子（　　）うまが　立（　　）った。

❷ たくさんの　文（　　）を　よむ。

❸ 火（　　）を　おこして　みんなで　ごはんを　つくった。

かこう

❶ みんなより □《さき》に □《こう》ていに □《で》た。

❷ □《ゆう》がた、□《そら》に □《ちい》さな　ほしが　かがやく。

❸ お□《て》つだいで　にわの □《くさ》とりを　した。

□もん 正《せい》かい！ まんてんになるまでおさらいしよう！

こたえは 112ページ

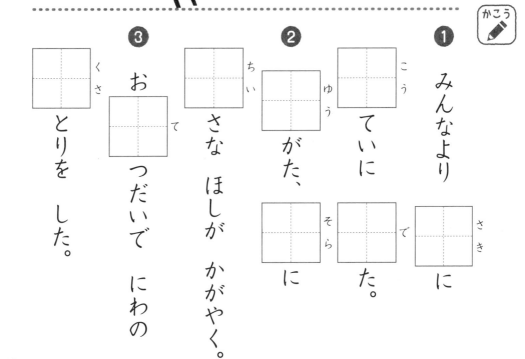

50 けいさんの　まとめ⑪ ひきざん

タイムアタック 目標 5分

分　秒

★ つぎの　けいさんを　しましょう。

❶ $8-2=$ □

❷ $9-0=$ □

❸ $12-5=$ □

❹ $15-8=$ □

❺ $70-60=$ □

❻ $11-3=$ □

❼ $68-5=$ □

❽ $89-2=$ □

❾ $100-20=$ □

❿ $97-6=$ □

⓫ $73-3=$ □

⓬ $90-40=$ □

□もん 正《せい》かい！ まんてんになるまでおさらいしよう！

こたえは 112ページ

月　日

51 1年の まとめ⑦

タイムアタック目標5分
分　秒

よもう

1 けんかを して、一日（　　）口（　　）を きかなかった。

2 あの 男（　　）の子（　　）は 虫（　　）とりの 名人（　　）だよ。

3 すなはまで きれいな 貝（　　）がらを 見（　　）つけた。

かこう

1 たたみで □《せい》ざを した。

2 □《あし》が しびれて □《た》てない。

3 びょう□《き》が □《はや》く なおるように、□《せん》ばづるを おる。

4 □《みず》が とても つめたい。

5 あしたから はる□《やす》みだ。

□ もん 正《せい》かい！ まんてんになるまでおさらいしよう！

こたえは 112ページ

月　日

51 けいさんの まとめ⑫
たしざんと ひきざん

タイムアタック 目標5分

分　秒

★ つぎの けいさんを しましょう。

❶ $11-8=\square$

❷ $13+4=\square$

❸ $10+70=\square$

❹ $50-40=\square$

❺ $75+4=\square$

❻ $26-5=\square$

❼ $99-7=\square$

❽ $32+6=\square$

❾ $46+2=\square$

❿ $14-6=\square$

⓫ $80-20=\square$

⓬ $50+50=\square$

□もん 正《せい》かい！まんてんになるまでおさらいしよう！

こたえは
112ページ

52 1年の　まとめ ⑧

タイムアタック 目標5分
分　秒

よもう

1 十年ごに　この　木の　下で　あおう。

2 村で　生かつする。

3 たくさんの　生きものに　出あう。

かこう

1 □《いち》りん□《しゃ》に　のる。

2 しあいに　□《しゅつ》じょうする。

3 □《まち》で　□《いち》ばん　ゆう□《めい》な　□□《せんせい》。

4 ねん□《ど》で　つくった　おしろ。

5 けん□《だま》で　あそぶ。

□もん　正《せい》かい！　まんてんになるまでおさらいしよう！

こたえは112ページ

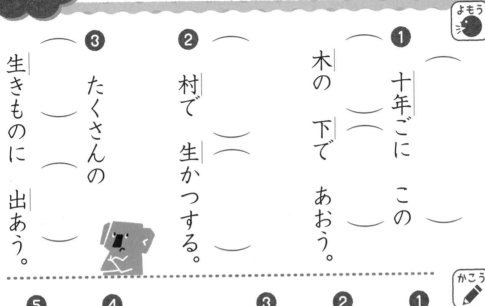

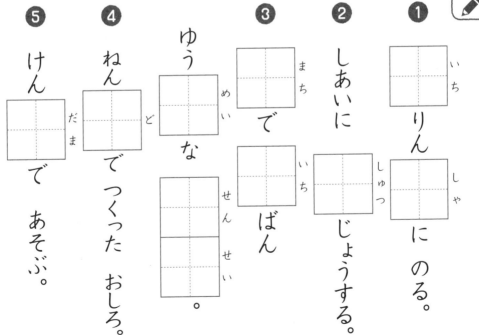

52 けいさんの　まとめ⑬
たしざんと　ひきざん

タイムアタック 目標5分

分　秒

★　つぎの　けいさんを　しましょう。

❶ $48-2=\square$

❷ $63+6=\square$

❸ $21+7=\square$

❹ $78-8=\square$

❺ $34+3=\square$

❻ $12-4=\square$

❼ $39-5=\square$

❽ $60+20=\square$

❾ $90-40=\square$

❿ $29-8=\square$

⓫ $80+20=\square$

⓬ $45+3=\square$

□もん 正《せい》かい！ まんてんになるまでおさらいしよう！

こたえは 112ページ

こたえ

1 かんじ よみ ①いち ②に ③ひと ④ふた
かき ①一 ②二 ③一、一 ④二 ⑤二

けいさん

1	1	1

一《いち》

2	2	2

二《に》

3	3	3

三《さん》

4	4	4

四《し》

5	5	5

五《ご》

6	6	6

六《ろく》

7	7	7

七《しち》

8	8	8

八《はち》

9	9	9

九《く》

10	10	10

十《じゅう》

2 かんじ よみ ①さん ②よん ③みっ ④よっ
かき ①三 ②四 ③四 ④三、四 ⑤三
けいさん ①4 ②5 ③8 ④10 ⑤6

3 かんじ よみ ①ご ②ろく ③いつ ④むっ
かき ①五 ②六 ③五 ④六 ⑤五、六
けいさん ①

0	0	0

れい

②3 ③2 ④0 ⑤1

4 かんじ よみ ①ひと ②さん、よ ③いつ ④むい ⑤し
かき ①一 ②二 ③三 ④四 ⑤五
けいさん ①5 ②2 ③7 ④9 ⑤10 ⑥4

5 かんじ よみ ①なな ②やっ ③しち、なの ④はち、よう
かき ①七 ②八、八 ③七 ④七 ⑤八
けいさん ①2 ②3 ③2 ④1、5

6 かんじ よみ ①きゅう ②じゅう ③ここの ④とお
かき ①九 ②十 ③九 ④九、十 ⑤十
けいさん ①5 ②2 ●●●●○○
③5 ●●○○○○○
④3 ●●●●○○○
⑤1 ●●●●●●○

7 かんじ よみ ①ひゃく ②せん ③ひゃっ ④ち
かき ①百 ②百 ③千、百 ④千 ⑤千
けいさん ①6
②4 ●●●●○○○○
③8 ●○○○○○○○○
④4 ●●●●●○○○○
⑤2 ●●●●●●●○○

8 かんじ よみ ①しち ②ここの ③ひゃっ ④やっ ⑤じっ

かき ①七 ②八 ③九 ④百 ⑤千

けいさん ①9

②8 ●●○○○○○○○○

③6 ●●●●○○○○○○

④3 ●●●●●●●○○○

⑤2 ●●●●●●●●○○

9 かんじ よみ ①さん、やま ②やま、き ③もく

かき ①山 ②山 ③木 ④木 ⑤山、木

けいさん

10 かんじ よみ ①あめ ②あまみず ③すい、みず

かき ①水 ②雨 ③雨、水 ④水 ⑤雨、水

けいさん ①7 ②3 ③5 ④4 ⑤7 ⑥9 ⑦10 ⑧6 ⑨8 ⑩10

11 かんじ よみ ①たけ ②がわ ③たけ、かわ

かき ①竹 ②川 ③川、竹 ④川 ⑤竹

けいさん ①3 ②6 ③5 ④7 ⑤10 ⑥2 ⑦8 ⑧1 ⑨4 ⑩9

12 かんじ よみ ①さん ②あま ③たけ ④かわ ⑤すい

かき ①山 ②川 ③雨 ④水 ⑤竹 ⑥木

けいさん

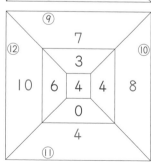

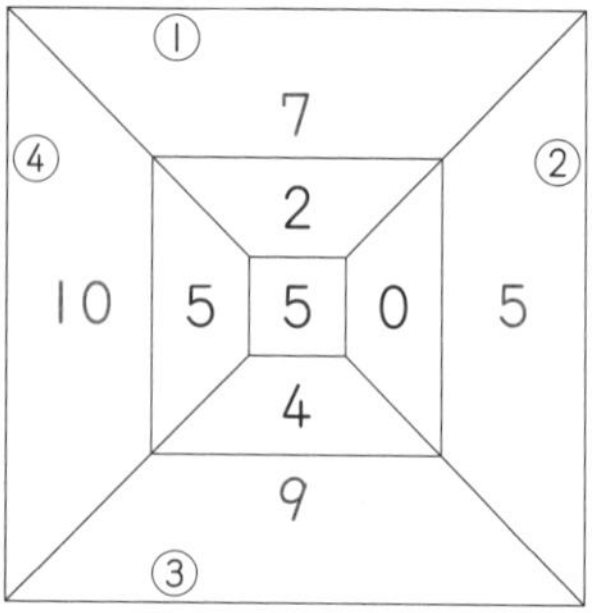

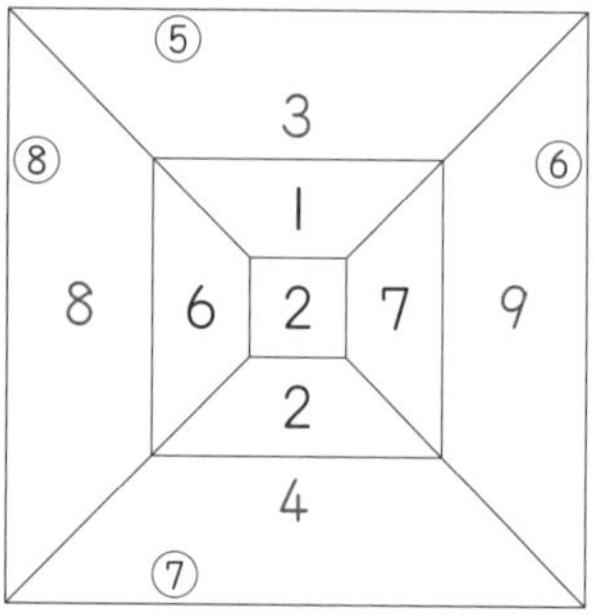

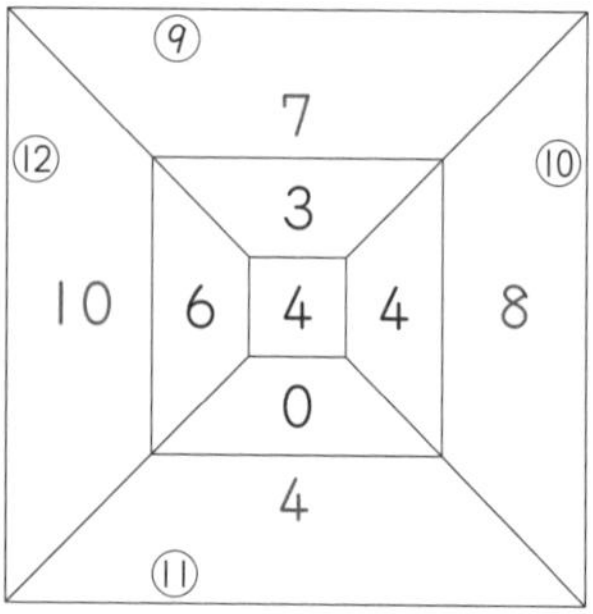

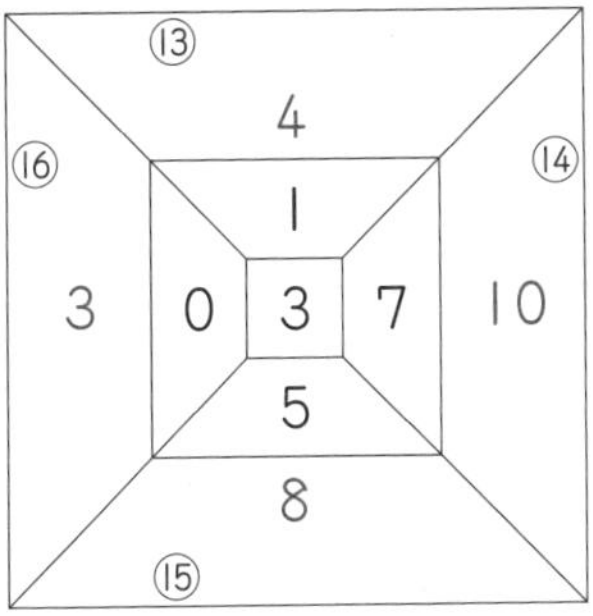

13 かんじ よみ ①もり ②はやし
③ばやし ④もり、はやし
かき ①森 ②林 ③林 ④森
⑤森、林
けいさん ①3 ②1 ③2 ④1
⑤6 ⑥7 ⑦5 ⑧6 ⑨8 ⑩3

14 かんじ よみ ①あ、お
②うえ、した ③じょうげ
かき ①上 ②下 ③上 ④上、下
⑤下
けいさん ①4 ②0 ③2 ④9
⑤0 ⑥10 ⑦5 ⑧0 ⑨3
⑩0

15 かんじ よみ ①みぎ ②ひだり
③さゆう ④う
かき ①右 ②左 ③右、左 ④左右
⑤左
けいさん

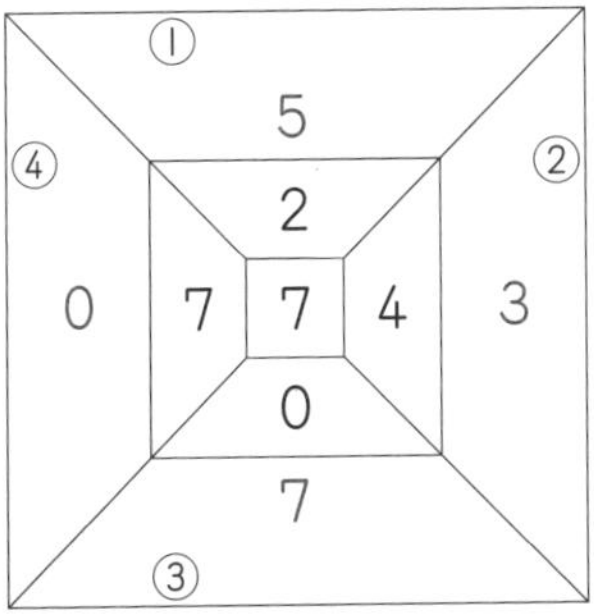

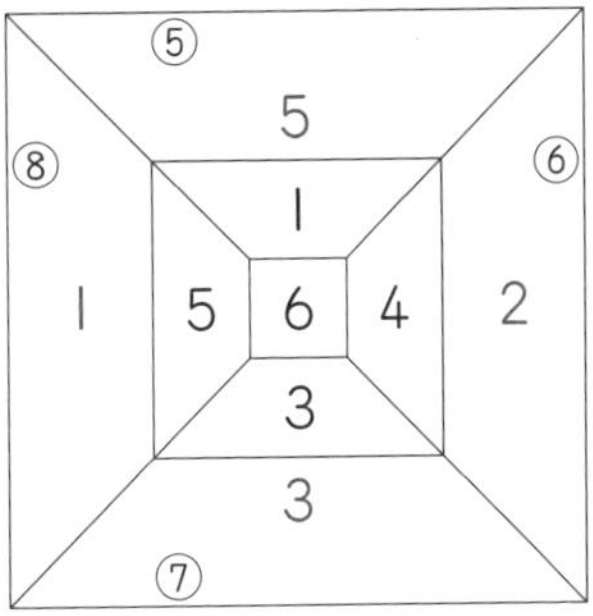

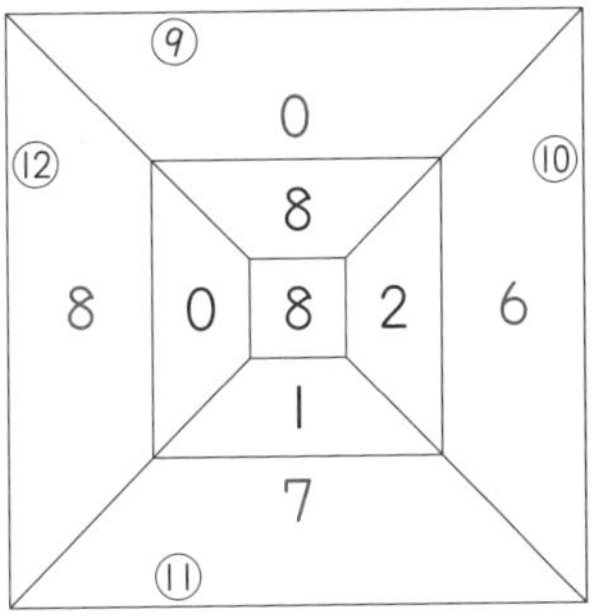

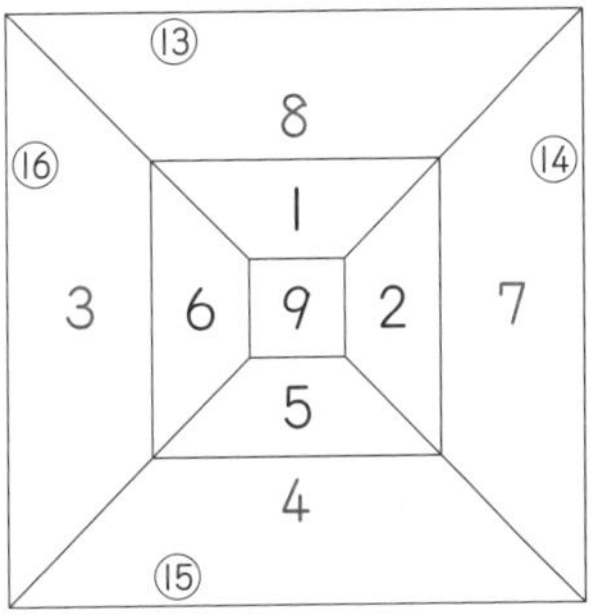

16 かんじ よみ ①もり ②しも
③さゆう ④さ ⑤のぼ
かき ①森 ②林 ③下 ④下 ⑤左
⑥右
けいさん ①3 ②1 ③0 ④10
⑤6 ⑥4 ⑦5 ⑧7 ⑨2 ⑩9
⑪10 ⑫9

17 かんじ よみ ①しゅつ ②で、だ
③にゅう、はい

かき ①出　②出　③出、入　④入
⑤出

けいさん ①

10
7　3
5　2　1
3　2　0　1

②

10
4　6
1　3　3
1　0　3　0

18 かんじ

よみ ①やす　②りつ、た
③きゅう　④た

かき ①休　②立　③立、休　④休
⑤立

けいさん ①13　②16　③12
④18　⑤15

19 かんじ

よみ ①た　②まち
③ちょう　④た

かき ①田　②町　③町、町　④田
⑤町

けいさん ①11　②13　③17
④16　⑤15　⑥19　⑦18
⑧14　⑨12　⑩20

20 かんじ

よみ ①しゅつ　②た
③ちょう　④りつ　⑤い

かき ①出　②入　③立　④休　⑤田
⑥町

けいさん ①2　②5　③4　④1
⑤7　⑥9　⑦6　⑧3　⑨8
⑩10

21 かんじ

よみ ①め　②くち　③もく
④く　⑤こう

かき ①目　②口　③口、目　④目
⑤目

けいさん

①	11	12	13	14	15
②	16	17	18	19	20
③	10	12	14	16	18
④	18	17	16	15	14
⑤	6	9	12	15	18

22 かんじ

よみ ①ひと　②みみ
③にん　④じん

かき ①人　②人　③人、耳　④人
⑤耳

けいさん ①12　②13　③17
④15　⑤15　⑥18　⑦19
⑧16　⑨14　⑩19

23 かんじ

よみ ①て　②あし　③しゅ
④そく　⑤た

かき ①手　②足　③手、足　④手
⑤足

けいさん ①10　②14　③10
④16　⑤18　⑥11　⑦12
⑧13　⑨14　⑩15

24 かんじ

よみ ①くち　②め　③しゅ
④く　⑤そく

かき ①口　②目　③耳　④人　⑤手

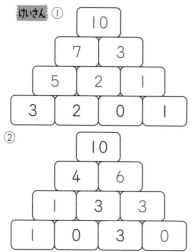

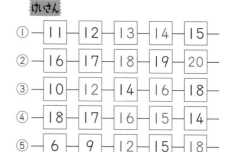

⑥足
けいさん ①14 ②10 ③15
④18 ⑤17 ⑥12 ⑦19
⑧11 ⑨12 ⑩16 ⑪19
⑫10

25 かんじ よみ ①こ ②めい、な
③し ④こ、な
かき ①子、名 ②子 ③名 ④子
⑤名、名
けいさん ①2じ ②1じはん ③8じ
④6じはん ⑤9じ ⑥3じはん
⑦10じはん ⑧8じはん

26 かんじ よみ ①おとこ、おんな
②だん ③じょ ④なん
かき ①男女 ②男 ③男、女 ④男
⑤男、女
けいさん ①6 ②5 ③9 ④7
⑤8 ⑥16 ⑦10 ⑧9 ⑨15
⑩18

27 かんじ よみ ①むし ②いぬ
③ちゅう ④けん
かき ①虫 ②犬 ③虫、虫 ④犬
⑤犬
けいさん ①2 ②1 ③5 ④3
⑤5 ⑥2 ⑦6 ⑧9 ⑨2 ⑩5

28 かんじ よみ ①こ ②な
③おとこ、こ ④じょし ⑤けん
かき ①子 ②名 ③男 ④女、子
⑤虫 ⑥犬
けいさん ①5 ②3 ③6 ④13
⑤10 ⑥11 ⑦4 ⑧3 ⑨10
⑩16

29 かんじ よみ ①かい ②い ③せい
④は
かき ①貝 ②生 ③生、生 ④貝
⑤生
けいさん ①9 ②2 ③3 ④7
⑤8 ⑥15 ⑦11 ⑧12 ⑨8
⑩10 ⑪13 ⑫5

30 かんじ よみ ①あお ②あか
③あか ④せい
かき ①青 ②赤 ③青、赤
④赤、青 ⑤赤
けいさん
① 8+3=[11]
[2][1]
② 3+9=[12]
[7][2]
③ 8+7=[15]
[2][5]
④ 6+7=[13]
[4][3]
⑤ 8+8=[16]
[2][6]
⑥ 7+7=[14]
[3][4]
⑦ 8+9=[17]
[2][7]

31 かんじ よみ ①しろ ②おお
③だい ④はく
かき ①白 ②大 ③大、大 ④白
⑤大
けいさん
① 6+6=[12]
[4][2]
② 9+7=[16]
[1][6]
③11 ④13 ⑤14 ⑥17
⑦15 ⑧11 ⑨18 ⑩16

32 かんじ よみ ①ちゅう、しょう
②なか ③ちい ④お、こ
かき ①中 ②中 ③小、中 ④小
⑤小
けいさん ①しき $6+8=14$
こたえ 14こ
②しき $9+3=12$ こたえ 12まい
③しき $8+9=17$ こたえ 17人《にん》

33 かんじ よみ ①あお ②なか
③かい ④ちい、あか ⑤たい
かき ①青 ②生 ③赤 ④中 ⑤大
⑥中
けいさん
① $13-9=\boxed{4}$ （10 3）
② $12-7=\boxed{5}$ （10 2）
③ $13-6=\boxed{7}$ （10 3）
④ $16-7=\boxed{9}$ （10 6）
⑤ $17-9=\boxed{8}$ （10 7）
⑥ $14-8=\boxed{6}$ （10 4）
⑦ $11-9=\boxed{2}$ （10 1）

34 かんじ よみ ①てんき
②つち、いし ③ど
かき ①天 ②石 ③気、土
④石、土 ⑤気
けいさん
① $13-5=\boxed{8}$ （10 3）
② $11-6=\boxed{5}$ （10 1）
③9 ④7 ⑤3 ⑥8 ⑦6 ⑧5
⑨4 ⑩9

35 かんじ よみ ①がつ、か、げつ、び
②にち、び、けん ③そら、つき、み
かき ①月、日、日 ②空 ③日
④見 ⑤見
けいさん ①しき $12-6=6$
こたえ 6こ
②しき $16-9=7$ こたえ 7まい
③しき $11-8=3$ こたえ 3本《ぼん》

36 かんじ よみ ①そう、くさ
②とし、か、ねん、はな
③か、はなび
かき ①火 ②草 ③花、花 ④年
⑤火、草
けいさん ①12 ②3 ③8 ④14
⑤7 ⑥11 ⑦18 ⑧4 ⑨9
⑩11 ⑪14 ⑫5

37 かんじ よみ ①あま、み ②そら
③ど ④はなび ⑤くさばな
かき ①月 ②土 ③花 ④年 ⑤草
⑥火
けいさん ①
14
9 5
8 1 4
7 1 0 4

②
19
11 8
8 3 5
7 1 2 3

38 かんじ よみ ①おう、かね
②せん、さき ③きん、び
かき ①王、金 ②先 ③日、金
④先 ⑤先
けいさん ①しき 7+5=12
こたえ 12わ
②しき 15−9=6 こたえ 6本《ぽん》
③しき 8+6=14 こたえ 14人《にん》

39 かんじ よみ ①むら、ちから
②はや、ゆう ③そん ④りょく
かき ①村、力 ②早 ③夕、夕
④村 ⑤力
けいさん ①しき 14−8=6
こたえ 6本《ぽん》
②しき 5+8=13 こたえ 13こ
③しき 16−7=9 こたえ 9こ

40 かんじ よみ ①たま
②しゃ、くるま ③えんだま、いと
④しゃ
かき ①車 ②玉 ③車 ④糸
⑤円玉 ⑥車
けいさん ①34 ②65 ③76
④99 ⑤27

41 かんじ よみ ①ゆう ②おう
③だま ④ちから ⑤りきしゃ
かき ①村 ②日 ③円 ④夕 ⑤早
⑥先
けいさん ①42 ②50 ③71
④8、3 ⑤9、5

42 かんじ よみ ①がっこう
②じ、まな ③せい、じ、がく ④う
かき ①学 ②生、字 ③学校、生
④校 ⑤生
けいさん

①	22	23	24	25	26
②	56	57	58	59	60
③	27	26	25	24	23
④	82	84	86	88	90
⑤	60	70	80	90	100

43 かんじ よみ ①ただ、ぶん ②おと
③しょう、ほん
かき ①正 ②文 ③音、本 ④正
⑤本
けいさん

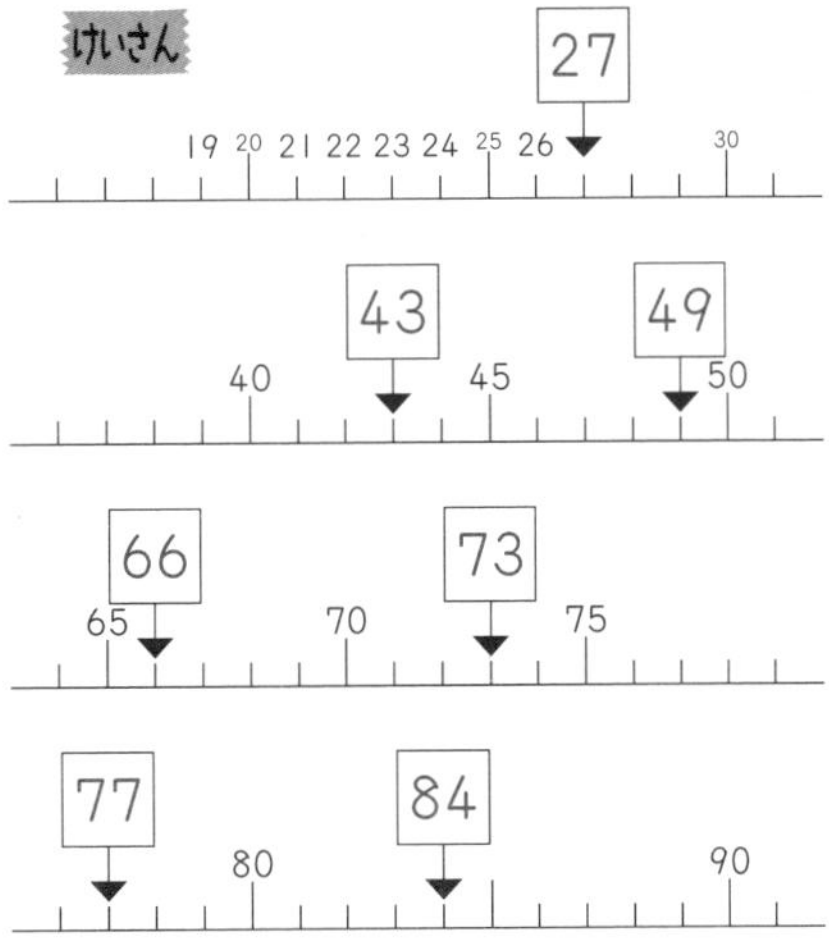

44 かんじ よみ ①じ、がく
②ただ、ぶん ③おと ④もん
⑤せい
かき ①本 ②音 ③学 ④字 ⑤正
⑥正
けいさん ①102 ②108 ③10
④100 ⑤120 ⑥13

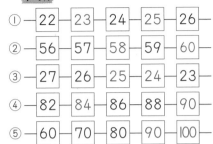

45 かんじ よみ ①あめ、やす
②やま、むし
かき ①町、出、花 ②学校、名
③耳
けいさん ①30 ②23 ③80
④46 ⑤28 ⑥88 ⑦75
⑧87 ⑨69 ⑩100

46 かんじ よみ ①おお、た
②くるま、むら
かき ①右、左、見 ②金、日、本
③石
けいさん ①20 ②30 ③50
④40 ⑤21 ⑥74 ⑦62
⑧86 ⑨80 ⑩54

47 かんじ よみ ①いぬ、かわ
②にねんせい、じ、にち
かき ①森、入、出 ②力、花
③男、子
けいさん ①90 ②40 ③70
④37 ⑤100 ⑥25 ⑦72
⑧41 ⑨28 ⑩67 ⑪84
⑫94

48 かんじ よみ ①いと ②てんき
③みず、て
かき ①青、月、空 ②林、中、音
③三
けいさん ①8じ10ぷん
②2じ15ふん ③4じ40ぷん
④10じ25ふん ⑤7じ35ふん
⑥12じ48ぷん ⑦11じ7ふん
⑧6じ21ぷん

49 かんじ よみ ①き ②ただ、じ
③ごじゅうえん
かき ①貝 ②王、赤、白 ③土、手
④竹
けいさん ①9 ②5 ③19 ④18
⑤80 ⑥100 ⑦47 ⑧68
⑨11 ⑩90 ⑪89 ⑫100

50 かんじ よみ ①こ、た ②ぶん
③ひ
かき ①先、校、出 ②夕、小、空
③手、草
けいさん ①6 ②9 ③7 ④7
⑤10 ⑥8 ⑦63 ⑧87
⑨80 ⑩91 ⑪70 ⑫50

51 かんじ よみ ①いちにち、くち
②おとこ、こ、むし、めいじん
③かい、み
かき ①正 ②足、立 ③気、早、千
④水 ⑤休
けいさん ①3 ②17 ③80
④10 ⑤79 ⑥21 ⑦92
⑧38 ⑨48 ⑩8 ⑪60
⑫100

52 かんじ よみ ①じゅうねん、き、
した ②むら、せい ③い、で
かき ①一、車 ②出
③町、一、名、先生 ④土 ⑤玉
けいさん ①46 ②69 ③28
④70 ⑤37 ⑥8 ⑦34 ⑧80
⑨50 ⑩21 ⑪100 ⑫48